中国矿业大学区域国别研究丛书

能源资源与社会发展

主编 翟石磊 徐剑

中国矿业大学出版社
·徐州·

图书在版编目(CIP)数据

能源资源与社会发展 / 翟石磊,徐剑主编. — 徐州：中国矿业大学出版社,2024.11. — ISBN 978-7-5646-6433-6

Ⅰ.F416.2

中国国家版本馆 CIP 数据核字第 20248Q8S72 号

书　　名	能源资源与社会发展	
主　　编	翟石磊　徐　剑	
责任编辑	万士才	
出版发行	中国矿业大学出版社有限责任公司	
	（江苏省徐州市解放南路　邮编 221008）	
营销热线	（0516）83885370　83884103	
出版服务	（0516）83995789　83884920	
网　　址	http://www.cumtp.com　E-mail：cumtpvip@cumtp.com	
印　　刷	徐州中矿大印发科技有限公司	
开　　本	787 mm×1092 mm　1/16　**印张** 10.75　**字数** 185 千字	
版次印次	2024 年 11 月第 1 版　2024 年 11 月第 1 次印刷	
定　　价	38.00 元	

（图书出现印装质量问题,本社负责调换）

序　言

能源资源的开发与利用不仅具有技术、经济属性,还具有社会文化属性,与文化、生活习惯、价值观、世界观、社会治理体系、社会组织关系,甚至话语体系都存在着千丝万缕的联系。从整体层面来看,人类对能源资源的开发与利用本质上是一个社会实践过程,不同国家因其能源资源禀赋差异而形成不同的能源资源观,并在政策制定、能源资源消费以及环境政策等问题上呈现出一定的区别。

当前,世界各国无论大小,都面临着全球气候变化所带来的各种危机,为此,减少碳排放、提高能效、分阶段实现碳达峰和碳中和已成为各方共识。其中,减少对化石能源的依赖,大力发展风能、太阳能、水电、潮汐能、热能、氢能等新型清洁能源,推动人类对能源的利用从化石能源时代向新能源时代转变,实现绿色、低碳、环保和可持续发展目标尤其为各方所重视。

能源消费变革在降低碳排放、促进产业发展模式转型的同时,也在一定程度上重塑人类社会结构与形态,形成了诸多新的全球性发展新问题。以美国为代表的西方发达国家碳排放历史最久、累计排放总量最大、人均碳排放量也最多,但是在履行碳减排义务上都有意回避其应该承担的历史责任,违背了气候正义的代际正义、矫正正义和发展正义等原则,甚至一些发达国家以当前各国经济发展情况为依据,强调新兴经济体应履行更多的碳减排义务和国际碳补偿责任。这是不能接受的,也违背了公平正义的基本原则。

此外,能源技术变革和产业结构升级也产生了新的技术伦理问题,比如,新能源民族主义和技术霸权主义的出现对后发国家设置了新的发展障碍;新能源革命进程中产生新型污染,全球生态环境面临新挑战;新能源革命冲击碳时代形成的人类社会关系模式、人的现代性问题亟须重构等。应对这一时代新挑战不能仅仅依靠自然科学,而是需要统筹多学科的研究资源,将人文社会科学的研究力量融入其中,开展协同创新研究。

能源资源领域的变化对社会结构和社会现代化进程具有直接的影响;反过来,人们对能源资源的态度、文化建构等又规约能源资源的开发与利用,最终形成了能源资源与社会文化之间的双向互动关系。近十年来,国内外学界日益重视从人文社科视角考察能源资源的形成、开发、利用以及后续影响问题,并据此形成了石化文化、环境人文等研究议题。

石化文化(Petro-culture)聚焦石油天然气领域,认为石油在塑造人们日常生活、促进现代化发展的同时,也在将人的生活纳入权力和商业的网络之中。人类对油气资源日益依赖的背后隐藏着另一个潜在的危机:一旦油气资源枯竭,人类将面临着史无前例的发展困境,最终为了生存下去将不得不采取更为苛刻的措施和艰难的举措寻找替代能源。所以能源转型不仅是指对我们所消费能源的转换,也是对我们基于油气资源所形成的生活方式和价值观的转换。

与石化文化相关联的环境人文(Environmental Humanities)是 21 世纪以来出现的新兴研究领域。环境人文更加关注因能源资源开发利用等人类实践活动所产生的环境效应,认为人类应对环境危机不能单纯依靠科学技术手段,而应该从人文社会科学角度提供建设性的知识,甚至批评方案,最终来引导人类在资源能源利用和环境保护方面回归正确的轨道,实现可持续发展。

此外,与能源资源开发和利用有关的相关学术概念还有能源现代性、人类世(the Anthropocene)、能源人文等。能源现代性研究主要围绕

序 言

能源资源开发与利用在现代化建设进程中的作用和影响展开。在工业革命时代,煤炭对促进蒸汽机的应用和工业化生产起到了基础性作用,但是也产生了严重的环境和社会问题,因此这种以化石能源为驱动力的现代化发展路径不适用于当代发展。广大新兴国家的现代化必须跳出西方国家的历史老路子,采取符合国情的新型现代化发展模式。

人类世概念是诺贝尔化学奖得主保罗·克鲁岑(Paul Krutzem)于2000年提出的。为了强调人类在地质和生态中的核心作用,克鲁岑跳出传统地质学概念范畴,将最早可追溯到18世纪末由人类活动对气候及生态系统造成全球性影响时期称为地球新时代,即人类世,因此这也是地球最近代的历史。人类世将环境人文置于人类存续与发展的时空框架之中,考察在气候变化环境下的人类发展问题。

能源人文旨在从人文社科的视角对能源开发与消费进行再认识和评价,形成与科学技术相融合的跨学科知识体系。历史上,能源与地缘政治、能源与权力、能源与文学等研究议题在不同时期都进入了人类研究视野。较早从学术角度提出能源与文化关系的学者是美国人类学家莱斯利·怀特(Leslie White)。他在《能源与文化的演进》一文中指出了能源对人类文化发展和演变的影响。2014年,加拿大阿尔伯塔大学艾姆·塞曼(Imre Szeman)和美国莱斯大学多米尼克·博耶尔(Dominic Boyer)在《能源人文研究的兴起——打破禁区》(The rise of energy humanities: Breaking the impasse)一文中首次使用"能源人文"这一概念。能源人文倡导科学与人文的对话与融合,强调从"两种文化"(Two Cultures)的视角反思科技与人类社会发展之间的关系。

上述概念虽有差异,但都具有共同的指向,即人类对能源资源的开发与利用已经对环境、气候、社会甚至现代化进程和地球未来产生了深远的影响,能源资源的开发与利用既是一个工程技术问题,同样也是社会和文化问题。基于这一认识,中国矿业大学澳大利亚研究中心于2022年6月25日举办了"区域与国别研究视域下能源资源与社会发展学术论坛"。此次论坛将能源资源与社会发展置于区域国别研究学术框架之中,探讨如何以跨学科的方法对能源资源问题开展人文社科研究。

无疑，论坛的主题契合了区域国别研究的跨学科属性，呼应了国家对加强区域国别学学科内涵研究的要求，也回应了人文社科研究在应对能源资源转型和全球气候危机方面的时代呼唤。

本文集所收录的论文多为本次会议宣读论文，我们将这些文章结集出版，主要有两方面的考虑：其一，强调能源资源与社会文化对充实区域国别研究内涵的重要意义；其二，展示在区域国别研究框架内开展跨学科研究的选题方向和研究路径。本文集所收录的论文既关注有关国家能源资源开采的社会文化、伦理问题，也关注职业健康法制体系、矿山生态修复等议题；既关注传统能源开采、消费的社会文化影响，也对新能源和能源转型进程中的社会问题展开探索。跨学科、多角度、宽领域的学术网络和知识谱系为探索区域国别研究提供了路径选择，也为学科的内涵建设提供新方案。

感谢中国矿业大学外国语言文化学院、国际交流处和澳大利亚研究中心对文集出版工作的大力支持；感谢海内外与会者和文集作者的参与和支持；感谢中国矿业大学出版社编辑老师的专业、细致、严谨的审校。

本文集是中国矿业大学区域国别学学科建设的阶段性成果，也是中国矿业大学区域国别研究丛书的第二辑。我们希望本文集的出版能够对能源人文、环境人文研究起到一定的促进作用，对我国区域国别学学科内涵建设路径作出点滴贡献。

翟石磊

2024 年 8 月

目 录

双碳目标驱动下现代矿业工程伦理的探索与实践
　　…………………… 王方田　孙　暖　田　薇　翟石磊　屈鸿飞/1
渐进修复和关闭：澳大利亚昆士兰州矿山治理新制度及其启示
　　…………… 杨永均　陈　浮　张绍良　侯湖平　Peter Erskine/16
美国矿业灾害防治及职业安全健康………… 李忠辉　李雪丽　雷跃宇/31
后疫情时代中澳资源合作趋势及对中国资源安全的启示……… 黄　丽/42
中澳媒体关于气候责任的话语对比研究…………………… 陆惟谊/53
能源转型背景下的澳大利亚氢能产业探析………………… 唐　杰/71
澳大利亚媒体对华政治形象建构研究
　　………………………………………………… 温煜明　张彦华/96
权力攫取与经济安全：澳大利亚供应链战略新动向
　　………………………………………………… 许善品　龙轶群/113

论澳大利亚碳定价政策:变迁历史、过程分析和前景展望
.... 陈瑞琼/128

中日政经关系对人文交流的影响:基于语言测试的实证分析
.... 郑　艳　方　芳/148

双碳目标驱动下
现代矿业工程伦理的探索与实践

王方田 孙 暖 田 薇 翟石磊 屈鸿飞

摘要:"双碳"目标下,矿业工程正进一步向安全高效智能绿色低碳方向发展,现代矿业工程俨然成了开采技术、经济发展、政府监督、伦理规范等因素交汇的庞大系统工程,工程主体中的伦理问题也愈发突出。本文以工程伦理为支点,深入研究并阐明具有矿业特色的工程伦理内涵,即矿业工程伦理是调整矿业工程领域相关人员、企业、部门之间的道德规范,是矿业工程实践中所有人员都必须遵守的伦理原则,并由此提出了矿业工程伦理六项基本原则:以人为本原则、公平正义原则、可持续发展原则、安全可靠原则、严谨诚信原则以及制度约束、责任追究原则。同时,本文结合矿业工程发展理念与趋势,提出了矿业工程伦理建设路径。

关键词:矿业工程伦理;伦理责任;人才培养路径;伦理体系

一、引言

党的二十大报告提出,要立足我国能源资源禀赋,坚持"先立后破",有计划分步骤实施碳达峰行动,积极稳妥推进碳达峰碳中和。这是以习近平同志为核心的党中央统筹国内国际两个大局作出的重大决策部署,为推进碳达峰碳中和工作提供了根本遵循,对于全面建设社会主义现代化国家、促进中华民族永续发展和构建人类命运共同体都具有重要意义。我国以煤为主体能源的基本国情，决定了煤炭必须承担国家能源兜底保障的责任；但煤炭又属于高碳能源，要实现"双碳"目标，矿业工程将面临保供和减碳双重压力。当前应当继续加强煤炭行业、煤炭企业的转型研究，完善煤炭发展、转型的顶层设计。我国矿业工程经过初步探索，走出了一条安全高效绿色低碳的矿业特色转型升级之路，行业生产力有大幅提升，实现了更高质量、更高效率、更可持续的矿业发展。近年来，煤炭行业继续着力淘汰落后产能、化解过剩产能，全国煤矿数量减少至4 500处以内，先进产能进一步释放，煤炭原煤产量2021年达到历史新高41.3亿吨，占一次能源消费的56%，有力地推动了供给侧结构性改革目标任务的完成，为疫情时代中国GDP持续增长提供有力支撑。煤矿生产安全形势持续向好，2021年百万吨死亡率降至0.044，十年内同比下降92%。在以人为本的安全发展理念下，煤炭行业在保证安全生产的基础上，为中国经济持续发展作出了长足贡献。

"双碳"目标下矿业工程面临着众多的问题及挑战，尤其是对其内蕴的矿业工程伦理的研究近乎空白。中国的工程伦理研究起步较晚，针对工程领域的研究大都集中在医药、生物、信息、建筑等行业，在矿业工程领域中尚未对工程伦理进行系统研究，缺乏对矿业工程的伦理指导以及对矿业工程师的伦理教育。矿业工程的伦理问题涉及人与人、人与社会、人与自然，相较一般工程实践有矿业领域特色的极端性、复杂性、交叉性，不能直接使用通用工程伦理理论，亟须形成矿业特色的工程伦理。

本文聚焦矿业工程领域中的伦理问题，分析矿业工程伦理内涵及基本原则，明确矿业工程师的伦理责任及培养，进而围绕安全高效绿色低碳发展理念下矿业工程伦理问题进行分析并提出相应对策以及建设路径，以期为矿业资源开发利用提供借鉴，助力我国"双碳"目标的实现。

二、矿业工程伦理内涵及基本原则

矿业工程从设计、决策到实施都存在许多复杂的伦理问题，是矿业工程在建设及生产前需要考虑的主要因素之一。矿业工程伦理不仅要考虑人的安全及利益，而且也要考虑到自然环境的利益，这既包含人际伦理，也涉及环境伦理，需要将这两者放在大工程观视角下进行评价、指导。矿业工程伦理是调整矿业工程领域相关人员、企业、部门之间的道德规范，是矿业工程实践中所有人员都必须遵守的伦理原则。为解决矿业工程活动中的伦理问题,需要明确其基本原则。矿业工程伦理的基本原则主要有以下六方面(见图1)。

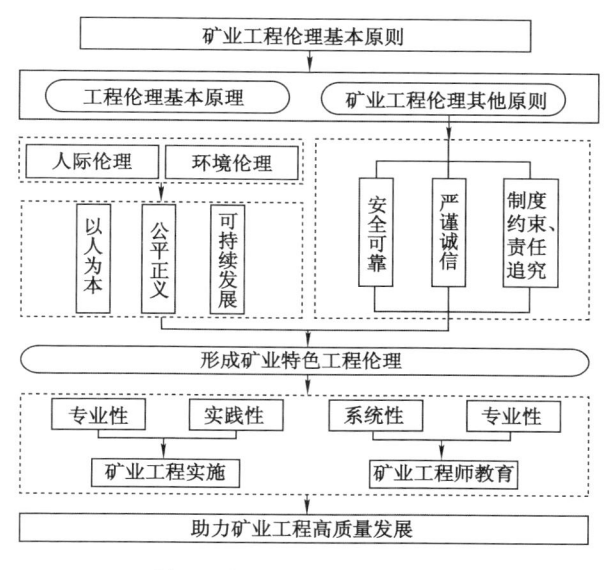

图 1 矿业工程伦理基本原则

（一）以人为本原则

从矿业工程的设计到实施,要确保矿业工程遵从以人为本原则,尊重他人的生命安全、生命需求和生命价值,其直接目的就是提高人类生活质量,为人类谋求福祉。

（二）公平正义原则

公平正义是伦理最基本的原则,矿业工程涉及多个利益相关方,在对个人、社会、国家作出贡献的同时不可避免地会对一部分群体造成利益损失及其他伤害,所以矿业工程决策及实施环节中需要做到切实保障各方利益,为人类创造出更多的物质财富。矿业工程面对不确定的自然条件常会发生紧急情况,公平正义的天平会因为这些紧急要素的影响而打破平衡,常态下的伦理准则不足以应对非常态的要求。为了达到新的平衡,必须通过不同主体间"责—权—利"的重新分配,以实现应急状态下的"公平正义"。

（三）可持续发展原则

可持续发展原则是建设"资源节约型社会、环境友好型社会"的必然要求。在矿业工程活动中要关爱自然、善待自然和敬畏自然，不断改进与创新矿业工程可持续设计、实施及维护，保护生态环境，建立人与自然的友好伙伴关系，实现生态的可持续发展。

（四）安全可靠原则

矿业工程系统工作项目繁多，工程浩大且受一定自然因素影响，尤其是井工矿生产中存在许多不确定风险，相较于一般工程活动需要更高的安全性、可靠性。这需要加强矿业工程从业人员的安全质量意识，强化确保安全、可靠的质量意识，正确处理好生产与安全的关系。

（五）严谨诚信原则

矿业工程师及相关技术人员在矿业工程活动中往往起到指导、引领或实践作用，这就要求从业人员具有严谨诚信原则。矿业工程师需要做到以下几点：

① 仅从事自己取得专业资质或有相关专业能力的专业工作，保持自身工作专业严谨性，对自己的专业行为负责。

② 在所服务的职业工作中保持客观、真诚、正直与相互尊重，营造良好的工作环境及内容。

③ 在从事矿业工程设计、鉴定、评审、咨询等专业行为时做到对服务内容严谨，对服务对象诚信、客观。

（六）制度约束、责任追究原则

矿业工程师是典型的高风险职业，在工程伦理实践时，又往往与相关制度相协调。故而研究矿业工程伦理时，必须把握制度这一积极因素，不仅要提升矿业工程师的责任意识、伦理意识，同时也要增强其制度意识、法律意识。在矿业工程中为保障生产安全，防范矿山事故，进一步促进行业发展，必须建立健全相关法律法规及企业管理制度，认真贯彻落实"有法可依，有法必依"。

三、矿业工程师的伦理责任及培养

工程师作为掌握专业知识和技能的专业人员,具备很强的专业分析能力、独立解决较为复杂的技术问题的能力、专业创新意识和创新能力、管理与学习能力等,这些特殊的能力也就决定了工程师在面对伦理困境时,必须具备较高伦理价值标准和职业素养,作出道德抉择以及明确各方伦理责任(见图2)。

```
                    ┌─────────┐           ┌─────────────┐
                    │ 伦理责任 │           │   具体要求   │
                    └─────────┘           └─────────────┘
       ┌──────┬───────────┬──── 考虑技术可行性、经济合理性,同时还要尊重、维护
       │      │ 技术伦理  │      公众的健康和安全,保证工程造福于人类
       │      │   责任    │
    矿 │      ├───────────┼──── 在工程设计、决策、实施时需要牢记环境伦理责任,
    业 │      │ 环境伦理  │      在尊重自然规律的前提下,运用理性思维合理平衡
    工 │      │   责任    │      自然与人类社会
    程 │      ├───────────┼──── 重视矿区及社会影响范围内员工与社会居民的就业与
    师 │      │ 社会伦理  │      发展,努力提升其人身安全、健康、幸福;尊重个体
    的 │      │   责任    │      享受资源平等的权力;积极响应相关政策
    伦 └──────┴───────────┘
    理
    责
    任
```

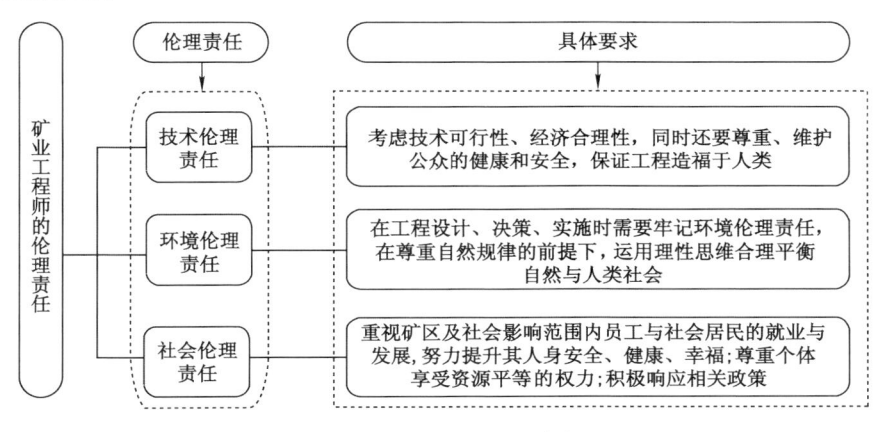

图 2 矿业工程师伦理责任

（一）矿业工程师的伦理责任

矿业工程师的伦理责任在防范工程风险上具有至关重要的作用。作为矿业工程活动的直接参与者,矿业工程师比其他人更加了解矿业工程活动中所存在的潜在风险,因此决定了矿业工程师有不可推卸的伦理责任。

1．矿业工程师的技术伦理责任

矿业工程活动是一种技术活动,矿业工程师的技术设计贯穿工程活动的决策、实施与应用等各个环节,与工程活动的生产和行业发展有着密切的关系。矿业工程活动涉及地面和地下两大工程内容,工程环境条件差、施工难度大、安全要求高,必须重视矿业工程施工技术。这就要求矿业工程师在工程设计、论证、施工、管理和维护中,不仅需要考虑技术可行性、经济合理性,而且还要尊重、维护公众的健康和安全,保证工程造福于人类。

2. 矿业工程师的环境伦理责任

由于矿业生产对矿山环境的高度依赖性,其对环境和生态的破坏远比其他活动直接与严重。矿业资源过度开采以及开发规划不合理等因素容易导致地面塌陷、水资源锐减、土壤植被破坏等,引发矿区周边环境严重受损。因此,矿业工程师在工程设计、决策、实施时需要牢记环境伦理责任,在尊重自然规律的前提下,运用理性思维合理平衡自然与人类社会。

3. 矿业工程师的社会伦理责任

矿业生产是一项涉及自然与人类社会的活动,是人类社会发展的巨大支柱,因此在矿业工程活动中不仅要遵守相关的国家或行业规章制度,而且需要考虑并承担生产活动中对人类社会的责任:

① 在生产中要利用先进技术手段,不断提高资源开发利用率,为社会技术进步作出贡献。

② 重视矿区及社会影响范围内员工与社会居民的就业与发展,努力提升其人身安全、健康、幸福。

③ 考虑生产活动当下的后果以及未来对后代的影响,尊重个体享受资源平等的权利。

④ 对生产中涉及的产业链、价值链、供应链进行应有的完善与监督,积极响应相关政策。

综上,矿业工程师要对人、资源、环境全面地考虑并承担其中的社会责任,为社会的发展作出正面贡献。

(二)矿业工程师伦理责任的培养

针对矿业工程师的伦理责任培养,一直以来受到相关工程领域教学、科研人员以及广大工程科技和工程管理人员的高度关注。加强矿业工程师的伦理培养有利于提升矿业工程师的伦理素养,加强矿业从业者的社会责任意识;有利于协调社会各群体之间的利益关系。

矿业工程师的伦理责任培养应围绕安全绿色高效低碳的矿业工程伦理要素,对矿业工程典型伦理案例及素材进行收集并分析矿业工程伦理责任。应结合实际背景下采掘、支护、生产方案模拟设计实施,考虑工程减损及修复治理技术方案,从矿业工程中的职业伦理、责任、风险等方面,培养矿业工程师在工程实践中的专业知识能力及工程伦理基本素质、伦理责任意识。矿业工程师伦理责任的培养路径如图3所示。

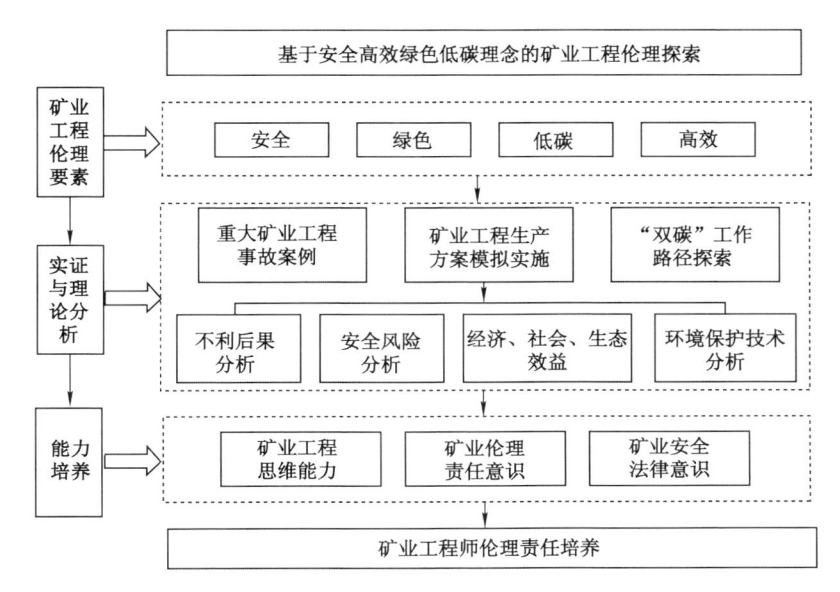

图 3 矿业工程师伦理责任的培养路径

1. 分析重大事故案例中矿业工程伦理责任

结合矿业工程伦理培养目的，本文通过查阅大量矿山相关事故调查报告、学术论文及专著等，收集整理出以下典型事故案例：① 符合对国家安全、经济、发展政策的解读与判断的案例；② 从属于矿业工程领域，尤其注重相关部门重点解读的案例；③ 尽量关联近年来的事故案例，与矿业学科前沿热点、重点相聚合。以案例教学为特点，以矿业工程伦理教育为重心，对典型案例详细分析所涉及主体在安全生产、环境保护、社会稳定、利益冲突等方面存在的矿业工程伦理问题，考虑其安全风险及引发的不利后果，培养矿业工程师分析伦理问题的能力及整体思维能力。

2. 模拟分析生产方案中矿业工程风险及方案优化

矿业工程是注重实践性的工程，工程师们不仅要学习专业技术能力，更要关注矿业工程实施对人、社会、环境造成的影响。在模拟矿业工程案例实践中，应使工程师们在一定的外部约束下（水文地质条件、自然灾害、开采实际条件）设计、实施合理的工程技术方案，这样可以有效提升工程师对方案设计的整体思维能力，对上述案例中所存在的伦理困境及矛盾有切实的体验与理解。通过带入设计人、决策人、负责人的角色，提高矿业工程师的安全法律意识与伦理责任意识,为之后解决实际矿业工程复杂伦理问题打下基础。

3. 学习"双碳"工作中矿业工程可持续发展思想

矿业生产不可避免地对环境造成一定影响,近年来持续大规模的开发利用带来自然气候变化、环境破坏、生态扰动等问题日趋严峻。"双碳"工作是破解资源环境突出问题、实现可持续发展的迫切需要。矿业工程师不仅要具备生态修复治理能力,更要从根本上意识到矿业工程对环境的不良影响,基于"双碳"工作中可持续发展思想,从方案设计与决策中减少工程活动对环境的损伤,推动形成绿色生产生活方式,从源头破解资源环境突出问题,实现经济社会可持续发展,为全面建成社会主义现代化强国提供坚实的资源环境保障,将环境破坏后的被动修复变为方案实施前的主动减损。

四、解决矿业工程伦理问题的路径探索

实现碳达峰碳中和目标,是贯彻新发展理念、构建新发展格局、推动高质量发展的内在要求,是一场广泛而深刻的经济社会系统性变革,具有重大的现实意义和深远的历史意义。当前,我国矿业工程发展面临着灾害威胁加重与生产安全保障的矛盾、矿业产能过剩与先进高效生产力不足的矛盾、矿产资源开发与绿色发展之间的矛盾、化石能源占比高与碳中和目标的矛盾。因此,矿业工程必须以新发展理念为引领,以第四次煤炭技术革命为契机,加快构建现代化煤炭安全高效绿色低碳开发与利用技术体系,实现"双碳"目标下的煤炭业高质量转型发展(见图4)。

(一)安全发展理念下矿业工程伦理问题探究

1. 矿山生产安全

随着矿山安全治理不断推进、采矿技术装备的更新以及"国家监察、地方监管、企业负责"的矿山监管监察体制效能的提升,矿业工程领域安全伦理意识在不断加强。但目前能源转型发展对矿山安全提出更大挑战,煤矿安全形势依然严峻,较大以上事故时有发生。水文地质条件引发的事故仅占一小部分,通过分析可知大部分事故主要是由于安全发展理念树立不牢、企业主体责任落实不到位、工人操作不当、公司及地方监管不力等人为伦理要素造成的。更有部分企业、工程师在不正当利益驱使下忽视法律法规,引发超强度开采、煤矿超层越界开采、非煤矿山"一证多采"等突破安全底线的

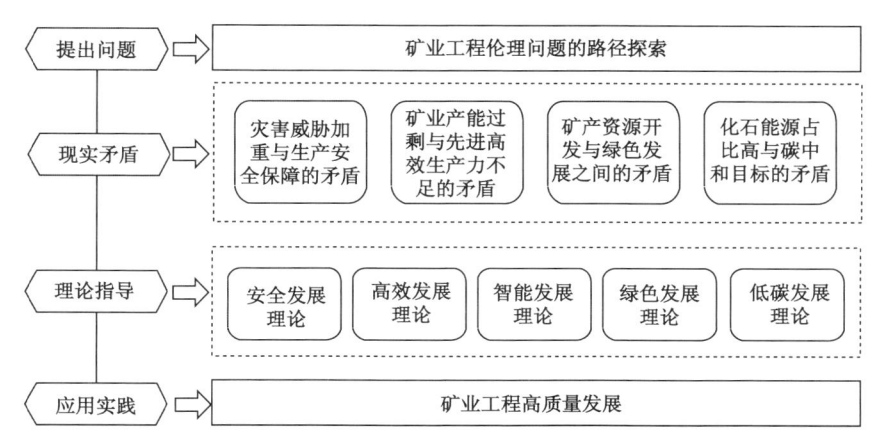

图 4　基于安全高效绿色低碳理念下的矿业工程高质量发展

违法违规行为,矿山安全风险和事故隐患增加。

矿山安全建设不仅是安全开采的关键因素,也是政府参与、公众参与、企业管理等诸多因素的综合体现,通过培养专业人员在矿山生产过程中运用专业伦理知识分析、明确可能会出现的安全伦理问题,树立责任、法律意识,完备工程风险治理方案,能有效降低安全风险以遏制矿山安全事故发生。

2. 能源供给安全

能源安全是国家安全的重要组成部分,关系着未来的和平发展。我国应当坚定立足我国资源禀赋"以煤为主"的基本国情,完善煤炭发展、转型的顶层设计。

"双碳"目标下煤炭行业面临着机遇与挑战。碳达峰前,确保煤炭在我国能源供给体系中的兜底保障作用,持续提升能源资源供应保障能力,统筹煤炭与煤电、煤化工及煤炭与数字技术等一体化发展,建设兼顾安全和稳定的煤炭供应体系,为维护国家能源安全、平衡全球能源供需作出积极贡献。碳达峰后,以煤炭和新能源优化组合为抓手,保留煤炭应急保障产能的同时,科学有序地推进能源转型。当前新能源安全可靠程度低,保障煤炭供给安全是政府关键工作之一。矿业工程师及技术人员应从全局出发恪守职业伦理与规范,为国内能源系统健康、稳定运行及能源结构有序调整提供有益的决策依据,确保煤炭产能稳定释放,加强煤炭安全兜底保障能力。

(二)高效发展理念下矿业工程伦理问题探究

现代矿业工程进入创新升级期,新型采矿技术与装备的创新能力显著提升,煤炭行业主要经济技术指标不断刷新,现代化煤炭产业体系的建设使煤炭行业取得新进展。随着互联网、人工智能等新技术的不断应用,我国煤矿由自动化开始向智能化发展,实现煤炭生产提质提效。目前煤炭智能化发展仍处于初级阶段,在智能采掘基础理论、设备联动、智能感知与决策等领域存在一定短板甚至空白,与新一代信息技术融合也亟须加强。高效创新技术有效提升矿业经济效益的同时也带来一定伦理困境:智能技术难以处理人类复杂伦理难题,集约化生产使得更少人担负着更大伦理责任,创新科学技术应用的工程风险,数字技术滥用等。

这需要矿山企业加快建设智能决策体系、生产运营体系,提升数字治理能力,完善产学研技术创新体系。关键在于明确伦理责任、遵守伦理原则,将科技创新、高效生产建立在以人为本、增进人类福祉的伦理观念上,落实生产活动中行为主体的伦理责任。这要求:① 矿业高效生产主体更加积极主动参与科技创新,充分考虑学科交叉、环境复杂不确定等因素;② 高度重视人—人、人—机关系,全力落实无死角伦理责任承担;③ 培养创新研究人员伦理意识,加强其对伦理问题的处理能力。

(三)绿色发展理念下矿业工程伦理问题探究

在"双碳"目标背景下,矿业工程逐渐走向绿色开发路线。在政府及公众参与下,矿业野蛮式发展成为过去式,绿色转型成为矿业行业重要责任之一。保水开采、无煤柱开采、充填开采等绿色开采技术,矿区产业生态化发展、废弃矿井利用、矿山生态修复技术、煤系伴生资源利用等在煤炭工业中的实践,促进了煤炭的绿色发展。由于矿业工程的交叉性与复杂性、相关人员职业伦理培养阶段性等现实因素制约,当前绿色发展理念下矿业工程伦理实践中,依旧存在违背绿色发展道路、违背职业伦理操守等现象。

在绿色发展背景下,除了继续为工程师及技术人员树立正确的绿色伦理价值观,还需做到以下两点:① 加强工程监管,在国家、地方、企业这三处严格落实监管监督职责,可以引入媒体等进行第三方监督;② 推进形成利益共同体,加强工程利益多方对话,为矿区生活人员、员工、负责人等直接或间接利益相关方构建平等对话平台,提高其伦理意识以保护自身利益、环境利益。通过以上举措,增强工程伦理在矿业绿色转型的推动力、约束力,为我国矿业工程的绿色开发提供基础支撑,促进绿色矿山建设。

(四)低碳发展理念下矿业工程伦理问题探究

低碳发展理念主要从两方面实践:一是提高矿产资源开发效率,降低开采及利用过程中的碳排放,做到低碳矿业生产;二是加强创新,研发新的碳捕捉、封存、利用技术。目前,煤炭行业现状与"双碳"愿景仍存在一定差距,如标准规范不匹配、监管政策不完善、技术开发仍处于初级阶段等,对我国煤炭工业清洁低碳转型提出更大挑战。

在实践中应注意两方面问题:一方面,实现可持续开发利用是我国矿业发展的必然之路,但警惕发展陷阱,工程师应恪守伦理道德原则,慎重决策低碳转型技术与方案;另一方面,开展低碳措施伦理评价,强化伦理责任划分,监督煤炭领域低碳开采技术研发。"双碳"目标的硬性指标就是减少碳排放,而实现了技术突破的CCS可以直接将碳封存起来,煤炭的排碳问题得到了解决。即使到了碳中和阶段,得益于技术的突破,煤炭依然可以用、放心用。但CCS研发成本较高,研发缺少利益驱动。政府一直致力于推动低碳技术(尤其是CCUS技术),对CCUS进行资金拨付,修订环境影响指南,完善CCUS指标体系。因此CCS技术研发工作一直在持续进行。

五、矿业工程伦理建设路径

根据矿业工程发展理念与趋势,本文提出以下矿业工程伦理建设路径。

(一)建立完善的矿业工程伦理框架

矿业工程伦理问题具有较大的复杂性,目前虽有较为完善的矿业工程生产制度,但在安全高效绿色低碳理念下某些矿业工程伦理问题仍难以处理。为了保证矿业工程师处理伦理问题时具有较好的一致性与可操作性,需要建立完善的矿业工程伦理体系,为矿业工程伦理困境提供新的分析思路,从伦理道德角度寻求解决矿业工程伦理难题的方法。

(二)建立具有矿业特色的工程伦理规范

国外工程伦理研究起步较早,美国土木工程师协会(ASCE)、英国土木工程师协会(ICE)等对工程师有基本健全的职业伦理章程。国内对伦理规范的制定较少,更通用、细分的守则目前仍处于编撰阶段。需要深层次发掘中国哲学思想与道德规范,结合矿业工程与其他工程领域决策、实践上的异同,针对矿业工程特点形成具有矿业特色的工程伦理规范。

(三)建立新时代矿业伦理人才培养方案

进一步加强矿业人才培养。加强对矿山监管部门人员、企业负责人、作业人员、科研人员等关键人员对工程伦理基本理论的学习,提高其面对不同伦理问题的处理能力。对矿业工程师进行专业性、系统性的培养,建立与时俱进的新时代矿业伦理人才培养体系。

(四)建立完善的矿业工程伦理监督管理体系

加强矿业工程监管力度,建立完善的矿业工程伦理监督管理体系,对工程师、企业、政府等严格落实监管监督职责,必要时可以引入媒体等进行第三方监督。推进形成矿业资源利益共同体,构建多方平等对话平台,保证矿区生活人员、员工、负责人的直接或间接利益,提高矿业工程各部门责任意识以及法律意识。

参考文献

[1] 刘峰,郭林峰,赵路正.双碳背景下煤炭安全区间与绿色低碳技术路径[J].煤炭学报,2022,47(1):1-15.

[2] Choi Y,Song J.Review of photovoltaic and wind power systems utilized in the mining industry[J].Renewable and Sustainable Energy Reviews,2017,75:1386-1391.

[3] 中国煤炭工业协会.2021 煤炭行业发展年度报告[DB/OL].(2022-03-30.) http://www.coalchina.org.cn/index.php? m = content&c = index&a=show&catid=60&id=137613

[4] Wang F,Ma Q,Zhang C,et al.Overlying strata movement and stress evolution laws triggered by fault structures in backfilling longwall face with deep depth[J].Geomatics,Natural Hazards and Risk,2020,11(1):949-966.

[5] Li G,Hu Z,Li P,et al.Optimal layout of underground coal mining

with ground development or protection: A case study of Jining, China [J]. Resources Policy, 2022, 76: 102639.

[6] Pritchard M. Teaching research ethics and working together--commentary on" Pedagogical objectives in teaching research ethics in science and engineering" [J]. Science and engineering ethics, 2005, 11(3): 367-371.

[7] Wagner H. Deep mining: a rock engineering challenge [J]. Rock mechanics and rock engineering, 2019, 52: 1417-1446.

[8] Mitcham C, Sacks A B. "Nature and human values" at the colorado school of mines [J]. Science and Engineering Ethics, 2001, 7: 129-136.

[9] Oshokoya P O, Tetteh M N M. Mine-of-the-future: How is Africa prepared from a mineral and mining engineering education perspective? [J]. Resources Policy, 2018, 56: 125-133.

[10] General Assembly of the World Medical Association. World Medical Association Declaration of Helsinki: ethical principles for medical research involving human subjects [J]. The journal of the American college of dentists, 2014, 81(3): 14-18.

[11] Hendryx M, Zullig K J, Luo J. Impacts of coal use on health [J]. Annual review of public health, 2020, 41: 397-415.

[12] Smith N M, Zhu Q, Smith J M, et al. Enhancing engineering ethics: role ethics and corporate social responsibility [J]. Science and engineering ethics, 2021, 27: 1-21.

[13] Smith J M, McClelland C J, Smith N M. Engineering students' views of corporate social responsibility: A case study from petroleum engineering [J]. Science and engineering ethics, 2017, 23: 1775-1790.

[14] Wang G, Xu Y, Ren H. Intelligent and ecological coal mining as well as clean utilization technology in China: Review and prospects [J]. International journal of mining science and technology, 2019, 29(2): 161-169.

[15] Wang F, Zhang C. Reasonable coal pillar design and remote control mining technology for highwall residual coal resources [J]. Royal society open science, 2019, 6(4): 181817.

[16] Zhao Y,Zhao G,Zhou J,et al.What hinders the promotion of the green mining mode in China? A game-theoretical analysis of local government and metal mining companies[J].Sustainability,2020,12(7):2991.

[17] Behera S K,Mishra D P,Singh P,et al.Utilization of mill tailings,fly ash and slag as mine paste backfill material:Review and future perspective[J].Construction and building materials,2021,309:125120.

[18] McCullough C D,Schultze M,Vandenberg J.Realizing beneficial end uses from abandoned pit lakes[J].Minerals,2020,10(2):133.

[19] Wang F,Liang N,Li G.Damage and failure evolution mechanism for coal pillar dams affected by water immersion in underground reservoirs[J].Geofluids,2019,2019.

[20] Tabelin C B,Dallas J,Casanova S,et al.Towards a low-carbon society:A review of lithium resource availability,challenges and innovations in mining,extraction and recycling,and future perspectives[J].Minerals engineering,2021,163:106743.

[21] 高华.全球碳捕捉与封存(CCS)技术现状及应用前景[J].煤炭经济研究,2020,40(5):33-38.

本文是在英文版论文"Ethical Construction and Development of Mining Engineering Based on the Safe, Efficient, Green, and Low-Carbon Concept"的基础上编译而成的,原版英文论文发表于 *Sustainability*,2022(14)。

Exploration and Practice of Modern Mining Engineering Ethics Driven by Double Carbon Goals

Abstract:Under the goals of "double carbon", mining engineering is further developing towards safe, efficient, intelligent, green and low carbon. Modern mining engineering has become a huge system engineering with the intersection of mining technology, economic development, government supervision, ethical norms and other factors, and the ethical problems in engineering subjects are becoming more and more prominent. Firstly, this paper takes engineering ethics as the fulcrum, deeply studies and puts forward the connotation and basic principles of engineering ethics with mining characteristics, and then puts forward the requirements of ethical responsibility and the corresponding training path for mining engineers, deeply analyzes and proposes solutions to the ethical problems of mining engineering under the concept of safety, efficiency, green and low-carbon. Finally, some suggestions are put forward for the construction of mining engineering ethics, such as establishing and perfecting the mining engineering ethics system, establish engineering ethics with mining characteristics, establish a new era of mining ethics personnel training system.

Key Words: Mining Engineering Ethics; Ethical Responsibility; Talent Training Path; Development Concept; Development Concept

作者简介

王方田 中国矿业大学矿业工程学院教授,博士生导师。主要从事智能采矿、绿色开采等领域的教学与科研工作。

渐进修复和关闭：澳大利亚昆士兰州矿山治理新制度及其启示

杨永均　陈　浮　张绍良　侯湖平　Peter Erskine

摘要：矿山生态修复"重规划、轻实施"是全球范围内矿业国家面临的一大难题。澳大利亚昆士兰州矿山生态修复历史悠久，创建了世界领先的制度和技术体系，但仍然面临矿山修复率低、修复资金匮乏、遗留矿山多等问题。为应对诸多的挑战，2020年昆士兰州议会批准实施全新的矿山渐进修复与关闭制度。本文重点阐述了昆士兰州矿山渐进修复与关闭制度的背景、规划方法、评审程序和实施办法，并对我国实施矿山动态修复制度提出了建议。

关键词：生态修复；渐进修复；关闭矿山；制度变革

采矿对环境的损害强度高、修复难度大，大部分国家都实施了采矿环境影响评价、环境准入、复垦保证金制度，要求采矿企业在采矿之前就提交生态修复规划和保证金来促进企业履行复垦义务。然而，事实上矿山企业编制矿山生态修复规划的核心目的仅仅是取得采矿许可，矿山生态修复规划的实施并未得到真正的重视。由于修复资金不足、修复难度大、责任主体灭失等诸多原因，造成修复责任逃避、土地修复率低等问题，给地方政府和当地社区遗留了巨大的环境风险。

---

① 基金项目：国家重点研发计划项目课题"工矿城镇生产—生活—生态空间优化与系统修复技术"（项目编号：2023YFC3804202）。

渐进修复和关闭:澳大利亚昆士兰州矿山治理新制度及其启示

矿山生态修复"重规划、轻实施"是当前全球范围内矿业国家面临的巨大难题。全球矿业在21世纪初经历了"黄金十年"繁荣后于2012年伴随全球经济放缓而连续下行,进入深度调整期。同时在矿山生态修复方面出现了很多问题。一方面,繁荣期遗留下大量需要修复的土地,但随着投资的减少、撤出或变更,导致修复责任主体不明;另一方面,繁荣期形成的矿产生产产能长期在高位运行,每年仍有大规模矿山损毁土地。因此,如何吸取历史教训,促进历史遗留和生产矿山新增损毁土地的动态修复,已成为矿山生态治理的严峻挑战。主要矿业国家都面临这一严重挑战。2018年,澳大利亚昆士兰州议会通过了有关能源和矿产资源(金融保障)的法案,强制要求矿业公司加入渐进修复计划。2020年,昆士兰州环境与科学部制定了渐进修复与关闭规划指南,为全球矿山治理提供了新的方案。

一、渐进修复与关闭制度实施的背景

矿业是澳大利亚第一大产业,占GDP的10%左右,占出口总额的50%—60%。澳大利亚采矿历史悠久,是世界上较早地实施可持续矿业、采矿环境准入、土地复垦保证金、动态监管等制度的国家,在矿山生态修复方面一直领先全球。尽管澳大利亚具有世界领先的矿山生态修复制度设计和实践,但仍然面临不少挑战。自2013年起,受世界经济增速放缓影响,澳大利亚十年矿业繁荣期已结束,加上矿山生态修复资金需求大,矿山损毁土地并没有按照生态修复规划实施,出现了矿山生态修复责任逃避的现象。这表明原有的矿山生态修复相关制度并未奏效。

截至2015年底,澳大利亚有超过5万座废弃矿山没有实施生态修复,昆士兰州和新南威尔士州的矿山土地修复率仅为35%和20%,并且在持续降低。采矿留下了巨大的地球伤疤和巨额修复资金需求,这引起了公众和环保人士的广泛关注和担忧。2016年起,澳大利亚昆士兰州政府启动了能源和矿产资源领域金融保障一揽子改革措施,其主要目的是减少州政府在能源和矿产领域面临的金融和环境成本。主要改革内容包括金融计划、可接受的担保形式、矿山修复改革、残留风险政策、遗弃矿山土地计划、关注维护政策和资产转让等。矿山修复改革的主要成果是2020年正式实施了渐进修复与关闭规划指南(Guideline—Progressive Rehabilitation and Closure Plans)。

根据指南要求,申请新的采矿环境许可(Environmental Authority,

EA)和现持有的采矿环境许可都必须提交渐进修复与关闭规划(简称 PRC Plan 或 PRCP)。

二、渐进修复与关闭规划的内容

(一)项目计划(Project planning)

项目计划主要涵盖了矿山修复的基本情况,主要有以下几个方面:
① 基本信息:主要包括局部和区域地形、气候、地质、水文和河流网络、地下水位及性质、土壤类型与生产力、土地稳定性(土地退化、侵蚀及其他稳定性问题的倾向)、植物群落和生态数据、动物群、采矿前土地利用、土地持有人等信息。
② 项目描述:采矿权、基础矿山特征和设施、采矿类型、采矿持续时间。
③ 闭矿设计:主要包括矿山设施的位置(必须考虑)、矿山设施的大小和形状及设计(如排土场)、采矿方法(如露天和井工)。
④ 修复规划信息:矿山所有相关活动及各个活动的持续时间、各个活动的大小和范围、各个活动是否能被渐进修复。
⑤ 空间信息:包括矿山干扰足迹的位置和最大范围、采矿后土地利用和非利用管理区、相关敏感受体。
⑥ 与渐进修复与关闭规划日程安排的关系。
⑦ 对过渡性渐进修复与关闭规划的适用性,包括此前的修复工作描述、修复工作的开始和完成时间、修复工作是否已经申请或者批准为渐进认证。

(二)采矿后土地利用(Post-mining land use)

渐进修复与关闭规划应根据周边景观、社区意见和当地或区域规划战略来确定采矿后的土地利用方式,如原生生态系统、栖息地和生态系统服务、放牧、农业、林业、作物、工业、垃圾填埋场、储水等。采矿后土地利用的准则包括:
① 土地是稳定的,即土地是安全和结构稳定的,没有环境损害,能支持采矿后土地利用。
② 采矿后土地利用是可行的,考虑到了周边土地的利用。
③ 至少满足以下一种:土地利用与采矿前一致、与土地开发规划一致、

符合采矿以外的规划、对环境有益。

（三）非使用管理区（Non-use management areas）

非使用管理区是指那些采矿后不能恢复到稳定状态的土地。非使用管理区必须作为渐进修复与关闭规划工作计划的一部分。非使用管理区必须要满足如下条件：

① 相比于不执行修复，修复土地后会造成更大的环境损害。

② 环境损害风险仅局限于非使用管理区内，且必须考虑并符合公众利益。

申请非使用管理区还必须提交如下信息：

① 展示非使用管理区足迹的信息。

② 考虑资源位置的限制性，分析潜在环境损害和对周边环境的敏感性，来评估非使用管理区的位置选项。

③ 描述每个非使用管理区的位置及其周边环境的价值。

④ 显示非使用管理区将会防止和最小化环境损害的证据。

（四）洪泛平原的矿坑（Voids in flood plains）

洪泛平原上的矿坑必须制定修复规划。如果将洪泛平原上的矿坑作为非使用管理区，必须开展洪水建模。在审查渐进修复和关闭规划工作计划时，主要考虑如下因素：

① 开发模型时采用的数据。

② 识别使用权范围内所有人工特征。

③ 使用河流排序方法识别直接流域内的所有水道。

④ 在使用权范围内确定任何已批准的永久性水道改道以及对改道的相关批准。

⑤ 考虑地下水如何影响洪泛区范围。

⑥ 水文模型。

⑦ 水力模型。

⑧ 模型假设和限制。

⑨ 模型校准和灵敏度分析。

⑩ 概述洪泛区范围的空间数据。

（五）社区咨询（Community consultation）

社区咨询是渐进修复与关闭规划的重要组成部分，其作用是确保受到修复和关闭活动影响的人有机会投入到规划过程中。咨询对象包括受影响的土地持有人、传统所有者、地方政府、地方社区组织等。咨询手册需包含的信息有：咨询日期、咨询方式、社区提供的信息、社区提出的问题、问题如何被考虑、达成的决策或结果、申请者承诺等。渐进修复与关闭规划中必须包括社区咨询规划，具体内容包括：社区咨询的目的、社区如何参与、咨询频率、释放给社区哪些信息、如何考虑反馈和评论等。社区咨询应当在矿山生命周期内不间断地开展。

（六）修复和管理方法（Rehabilitation and management methodology）

1. 一般修复实践

在现有技术条件下，执行一般修复主要包括如下几方面：

① 水文地质。评估矿山及关联岩层的水文地质情况，开发地下水系统的概念模型。

② 洪水。评估洪水易发性及其影响。

③ 土壤和覆盖材料评估。开展土壤评估，增加土壤调查，解决表土管理问题，确保岩堆或尾矿库的覆土数量和质量，形成土壤和废弃岩石的图件。

④ 废弃物特性。描述废弃物的物理和化学性质，调查废石、低品位矿石和尾矿的特征，包括识别任何对环境构成风险的污染物，例如与酸性矿井水、中性矿井水和含盐矿山排水相关的污染物。

⑤ 地形设计。最终地形设计应该包括3D设计、设计方法、地形稳定性的预测和建模、建设方法、质量保障和控制方法、最终地形设计成功的实验方法、地形设计的限制和假设。

⑥ 覆盖设计。地形和废弃物需要考虑覆盖，覆盖设计必须考虑地球化学特性、被覆盖物的类型和物理性质、场地条件、覆盖物可获取性、排水标准、合适的植被。

⑦ 废物管理。包括描述环境污染物，可能影响环境价值的污染物的来源、途径和归宿，渗透和渗漏干预和收集控制，地表水分流和长期管理要求，脱水要求，持续的水资源管理和减少需求（即处理）。

⑧ 植被重建。必须根据土地利用特点重建具有自我维持能力的植物群落,不仅要恢复地面覆盖,还要建立动物群生境和生态系统服务。

2. 尾矿存储设施

尾矿存储设施需要确定地球化学、流变学和岩土参数。尾矿存储设施的设计包括隔离层(即路堤和结构基础)、泄漏检测系统、网状设计、渗流收集系统、设计存储余量、溢洪道位置、渐进修复设计等。

3. 矿坑修复

矿坑的修复规划必须包括以下几个方面:

① 可用于最小化最终矿坑面积和体积的选项。
② 建议的矿坑最终尺寸(即深度、长度和宽度)。
③ 坑壁岩土和地球化学稳定性。
④ 每个最终矿坑的高墙、低墙和端墙的最终坡度。
⑤ 矿坑水文。确定矿坑中的长期水平衡和水位,与地下水资源的分层连接以及溢出的可能性。
⑥ 地下水建模以确定空隙是作为地下水汇还是地下水源。
⑦ 水平衡研究,包括评估空地表层和地下水的相互作用。
⑧ 预测的长期水质,包括潜在的分层。
⑨ 3D 矿坑设计。
⑩ 修复策略。

4. 井工矿山

井工矿山的修复规划必须包括以下几个方面:

① 岩土工程研究。
② 对地下水相互作用和地下水位潜在降低的评估。
③ 水文地质概念模型的开发。
④ 沉降分析和建模以及沉降植被/生境影响评估。
⑤ 考虑如何密封地下工作的潜在入口(即通过某种形式的封盖或回填)。
⑥ 如何减轻表面积水和地裂缝。
⑦ 确定地下工程关闭后的稳定性,以管理计划外地表沉降和地面塌陷(如落水洞和坑洞)的可能性。

5. 建筑设施

建筑设施的修复规划必须包括以下三个方面:

① 确定将退役的基础设施和退役方法。
② 描述将在修复后保留的基础设施,并确定持续的维护要求。
③ 任何将转让所有权的基础设施的协议证据。

(七) 风险评估(Risk assessment)

渐进修复与关闭规划必须包括风险评估,通过风险评估来识别土地不能达到稳定条件的风险,以及申请者将如何管理和最小化风险。风险评估包括风险识别、风险分析、风险评价和风险处理等。

修复试验(Rehabilitation trials)是管理和最小化土地达不到稳定状态风险的方法。修复试验必须包括:试验目标、试验设计、试验开始时间、试验持续时间、如何评价试验成功性、如何将试验结果整合到修复策略和修复目标的制定中、申请者在其他地方开展过试验的情况。

(八) 监测与维护(Monitoring and maintenance)

渐进修复与关闭规划必须包括监测与维护的内容,用来展示阶段性修复目标是否达成,监测与维护包括以下内容:
① 监测、报告和检查每个阶段的日程安排。
② 监测方法和标准的描述,其中可能包括基于实地的评估和新遥感、地理信息系统和其他相关新兴技术的应用。
③ 能够重复收集相关统计有效数据的监控。
④ 使用适当的质量保证和数据管理流程和系统进行监控。
⑤ 定期分析场地数据,包括多年比较趋势和针对模拟/参考场地的基准比较。
⑥ 如果监测数据表明阶段性目标没有得到满足,则采取应急策略。
⑦ 关闭后监控,以确保阶段性目标得到实现。
⑧ 监测报告的意图,例如,提供结果和主要发现。

三、渐进修复与关闭规划的评审

渐进修复与关闭规划的评审包括申请、信息、公告和决策四步。渐进修复与关闭规划的评审流程如图1所示。

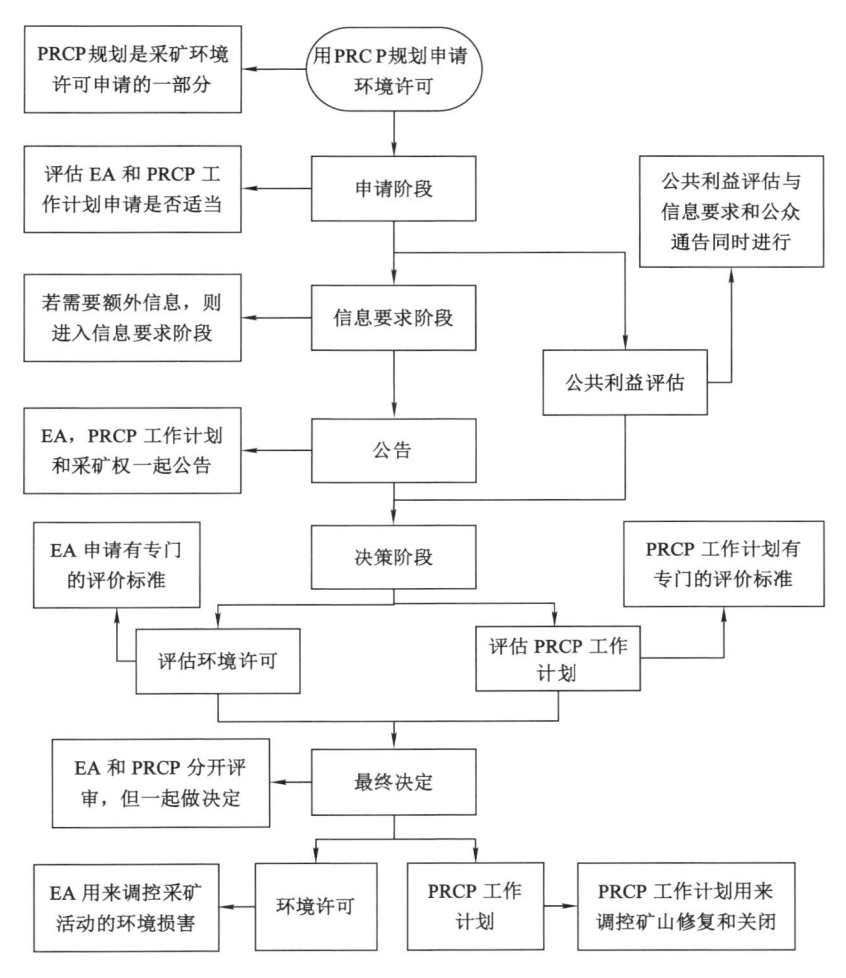

图 1 渐进修复与关闭规划的评审流程

（一）申请阶段（Application stage）

渐进修复与关闭规划提交申请后 10 个工作日内，管理当局应根据环境保护法确定申请是否适当。如果不适当，通知不适当的理由，申请人需要在 20 个工作日以内做出需要的行动，否则申请失效。

（二）公共利益评估（Public interest evaluation）

如果渐进修复与关闭规划将土地作为非使用管理区时，管理当局应要求申请者开展公共利益评估。

（三）信息阶段（Information stage）

在信息阶段，管理当局可以要求申请者提供更详细的信息。如果管理当局认为信息是充分的，则不再需要信息阶段。

（四）公告阶段（Notification stage）

在公告阶段，申请者将申请材料向公众发布。公告阶段可以和信息阶段同时进行。公告后，申请者必须提交服从公共利益的陈述。

（五）决策阶段（Decision stage）

决策阶段开始后 30 个工作日内，管理当局必须做出是否通过渐进修复与关闭规划工作计划。为决策是否批准渐进修复与关闭规划工作计划，管理当局必须考虑以下几个方面：遵守任何相关的监管要求，考虑到申请材料提出的渐进修复与关闭规划，在信息阶段的任何回应，标准的准则指南，修复委员的有关建议、报告和指导。

（六）决策之后（After the decision about the PRCP schedule）

管理当局在做出决策 5 个工作日内，必须告知申请者。如果申请者有异议，申请者应当在 20 个工作日内提交异议告知到土地法院。如果没有异议，管理当局应当在 25 个工作日内发布最终决定，并将环境影响评价、渐进修复与关闭规划复印件存放在公共登记册。

四、渐进修复与关闭规划的工作计划

工作计划是渐进修复与关闭规划的重要内容。工作计划必须包括以下内容：采矿后土地利用及非使用管理区，土地可以修复或提高的时间，修复和管理的阶段性目标，阶段性目标完成的指标，阶段性目标的完成时间，所有必须考虑和期望的条件。

（一）开发 PRCP 工作计划的步骤（Steps for developing a PRCP schedule）

第一步，最终场地设计，包括所有场地的最终土地利用方式和非使用管理区。

第二步，将最终土地利用方式和非使用管理区划分为修复区或改善区，且必须提供参考地图。

第三步，确定土地可以开始修复/改善的时间。

第四步，开发相关的阶段。所有的修复区都需要确定修复阶段，即确定将土地修复到稳定状态的重要事件和步骤，如基础设施退役和移除、污染土地修复、覆盖系统的建设、地形重塑、表面整理、植被重建、达到表面要求、采矿后土地利用达到稳定状态、达到充分改善等。重要事件和步骤必须是清晰、可测量、可获得、合理、时间明确的。

第五步，开发明确的阶段性目标。阶段性目标是指一系列可测量的参数，这些参数可以指示阶段性工作是否完成。如覆土厚度、完成目标物种的面积、生物量、总体覆盖率、水质、水位等。

第六步，确定第一个阶段的开始时间。修复和改善应当尽快开始。由于预测修复开始的时间具有挑战性，申请人可以申请改变开始时间。管理当局可以考虑提议合适的开始时间。

第七步，确定每个阶段完成的时间。昆士兰州所有矿山的年度报告时间点为每年的 12 月 10 日。由于诸多因素会影响到时间表，环境许可持有人应当尽早与管理当局接触，以便修改、完善时间表。

（二）PRCP 工作计划的条件（PRCP schedule conditions）

在按照 PRCP 时间表开展相关活动时，环境许可持有人必须遵守环境许可中规定的与开展活动相关的要求。环境许可持有人必须遵守工作计划中提出的完成每个修复和管理阶段的时间。

环境许可持有人不得开展或允许开展环境许可以外的环境相关活动，除非该活动有 PRCP 时间表。

环境许可持有人或根据 PRCP 工作计划行事的人必须遵守 PRCP 工作计划的条件。如果故意违反条件，最高罚款为 6 250 个罚款单位（2022 年，昆士兰州一个罚款单位为 143.75 澳元，每个罚款单位的金额每年动态调整）或 5

年监禁。如果条件不是故意违反,最高罚款为 4 500 个罚款单位。如果持有人未能确保其他人遵守条件,则持有人违反 PRCP 附表条件可能会被视为犯罪。

(三) PRCP 工作计划批准后的事项(PRCP schedule post approval processes)

一旦 PRCP 工作计划获得批准,就有许多可能适用于该时间表的批准后流程,包括:修正、合并、分解、PRCP 进度审核(每三年委托修复稽核员开展一次审核)、年度报告、渐进修复认证、退出(必须提交一份退出管理报告)等。

五、渐进修复与关闭的过渡办法

(一) 进入框架(Entering the framework)

在 PRCP 开始日期之后,将有一个三年的过渡期,所有现有的采矿活动运营计划将被逐步淘汰,对于已有环境许可的持有人,必须过渡到渐进修复与关闭规划框架中。

(二) 违法行为(Offence)

环境保护法案规定环境许可持有人不得进行或允许进行许可以外的相关活动,除非该活动具备有效的 PRCP 时间表。不遵守此规定的最高罚款为 4500 个罚款单位。

对于过渡到框架的环境许可持有人,上述违法行为在以下情况发生前不适用:申请人没能按照过渡通知成功提交 PRCP 时间表;环境许可持有人的 PRCP 时间表已经被批准;环境许可持有人的 PRCP 时间表第一次被拒绝,且环境许可持有人在被拒绝后 40 个工作日内重新申请另一个 PRCP 时间表;环境许可持有人的 PRCP 时间表第二次被拒绝。

(三) 评估(Assessment)

环境许可持有人在过渡办法内提交的渐进修复与关闭规划,按照新渐进修复与关闭规划进行评审,但需遵守环境保护法。过渡性条款用于在管理当局认为已满足渐进修复与关闭规划要求的情况下保留现有结果。

（四）已有修复和关闭成果过渡到 PRCP 工作计划中（Transitioning rehabilitation and closure outcomes into RPCP schedule）

环境管理当局和其他土地管理文件中现有的修复和关闭成果可以过渡到 PRCP 工作计划中。主要过程包括：从土地管理相关文件中识别修复与关闭成果，识别采矿后土地利用和非管理使用区，识别采矿后土地利用和非管理使用区内部的修复或改善区，识别渐进修复与关闭阶段，识别渐进修复与关闭的阶段性目标，识别第一个渐进修复与关闭阶段的开始时间、所有阶段的完成时间。

六、结论与启示

（一）结论

澳大利亚昆士兰州政府针对矿山生态修复"重规划、轻实施"的问题，推出了能源和资源领域的一揽子改革措施，来加强矿山生态修复，减少政府风险。渐进修复和关闭制度的核心是通过"分类分区定措施，多阶段多目标实施，三年稽核和年度报告"来实现矿山动态修复和关闭。渐进修复与关闭制度是一种世界领先的矿山治理措施，在世界上首次将动态修复理念落实到法律、管理政策和技术指南中，突破了现有的矿山生态修复规划动态实施、过程考核的瓶颈。当然，这种制度是否能够有效提高土地修复率、减少环境风险，还有待时间的检验。

（二）启示

我国是矿业大国，全国约有 230 万公顷采矿活动累计损毁土地需要修复。根据国家关于生态文明战略的相关部署，2035 年前应基本完成历史遗留矿山环境问题治理。因此，我国面临土地复垦任务重、资金来源少等问题，亟待加强矿山生态修复制度建设。借鉴澳大利亚昆士兰州的经验，结合我国国情，笔者建议应当在以下几个方面加强相关工作。

1. 我国应尽早建立生产矿山动态修复制度体系

2006 年，矿山地质环境和土地复垦就已经被纳入了开采许可，要求矿山申请开采许可证时必须编制《矿山地质环境保护与恢复治理方案》和《土地复垦方案》，但实施率和实施效果不理想，累积了大量的待修复土地，为地方政府和社会带来了环境和财政风险。我国 2011 年发布实施的《土地复垦条例》规定:"生产建设周期长、需要分阶段实施复垦的,土地复垦义务人应当对土地复垦工作与生产建设活动统一规划、统筹实施,根据生产建设进度确定各阶段土地复垦的目标任务、工程规划设计、费用安排、工程实施进度和完成期限等";"土地复垦义务人应当于每年 12 月 31 日前向县级以上地方人民政府国土资源主管部门报告当年的土地损毁情况、土地复垦费用使用情况以及土地复垦工程实施情况"。这些规定已经体现出了渐进修复与关闭的思想。但实际上,由于缺少针对性的技术规范和管理办法,渐进修复与关闭的实施效果并不理想。

我国建立生产矿山动态修复制度体系,一是要出台动态修复相关的技术指南,尤其是在采矿方案设计中就应加入动态修复的规划设计,使得动态修复融入采矿设计,提升矿山生态修复方案的动态可操作性;二是要建立动态修复评审、监督、检查、验收、奖励和惩罚的机构和制度;三是要鼓励发展一批专业性的矿山生态修复、维护、监测、运营企业,保障动态修复的顺利实施。

2. 加大对矿山生态修复政策、技术和科学研究的投入

我国地域辽阔,各地自然和社会经济条件差异很大,推动矿山的渐进修复和关闭,面临诸多问题,如矿山生态修复的残留风险、难以修复的采损土地如何处理、新旧方案的衔接和过渡、矿山生态修复的目标和质量标准、方案与地方国土空间规划的协调、不同矿种和采矿方式的动态修复技术、矿山生态修复的动态监管和智能监管方法、矿山生态修复中自然资源与环境等多学科多部门的协调、矿山生态修复后土地可持续利用等。因此,必须加大矿山生态修复政策、技术和科学研究的投入,逐步解决这些问题。

3. 总结生产矿山生态修复的有益经验和典型案例

尽管我国还没有整体实现矿山渐进修复与关闭,但一些企业已经有了动态修复的现场实践,如平朔和黑岱沟矿区实施的采—剥—覆一体化模式;一些科技工作者已经提出了边采边复、适应性管理、恢复力建设的理念和方法;一些地方政府已经开始加强生产矿山生态修复工作,如安徽省 2020 年出台了《安徽省在建与生产矿山生态修复管理暂行办法》,四川省 2021 年出台了《四川省在建与生产矿山生态修复管理办法》。这些有益的经验对于我国推动矿山动态修复的实施具有重要意义。我国应当将生产矿山动态修复的最佳实践或典型案例编写成册,一是指导类似矿山开展生态修复工作,二是系统梳理经验,为制定全国层面的管理政策和技术规范提供依据。

总之,矿山渐进修复与关闭是一项前沿制度和技术实践,有望减少政府和社会的财政与环境风险。我国推动矿山渐进修复与关闭,必须立足已有的经验和教训,建立管理政策、技术规范和执行机构,将"重规划、轻实施"的现状转变为"精细规划,动态实施",逐步建立起生产矿山动态修复与关闭的制度体系,从而减少政府和社会的财政与环境风险,发挥矿山生态修复效益。

参考文献

[1] 陈熙.美国矿山土地复垦的特点[J].中国土地,2019(06):48-49.

[2] 米尔伯恩 R,陈丽萍,赵晓宇,等.21世纪的矿业法改革[J].国土资源情报,2018(10):3-23.

[3] 胡振琪,赵艳玲.矿山生态修复面临的主要问题及解决策略[J].中国煤炭,2021,47(09):2-7.

[4] 姜杉钰,余星涤.澳大利亚自然保护地矿业管理经验与启示[J].国土资源情报,2019,(1):11-17.

[5] 李红举,李少帅,赵玉领.澳大利亚矿山土地复垦与生态修复经验[J].中国土地,2019,(6):46-48.

[6] 徐曙光,何金祥,孙春强.澳大利亚矿山环境保护新动向和世界展望[J].国土资源情报,2011,(2):25-28.

[7] 闫卫东,郭娟,徐曙光,等.21世纪以来全球矿业形势回顾与展望[J].中国工程科学,2019,21(01):61-67.

[8] 杨永均,陈赞旭,王芳蕾,等.矿山地质环境保护与土地复垦预算费用及效果[J].中国国土资源经济,2022,35(11):75-82.

[9] 杨永均,Erskine P,陈浮,等.澳大利亚矿山生态修复制度及其改革与启示[J].国土资源情报,2020(02):43-48.

Progressive Rehabilitation and Closure:New Institution and Its Implications for Mine Governance in Queensland,Australia

Abstract:Emphasis on planning, despising implementation of mine ecological restoration are major problems faced by mining countries around the world. The ecological restoration of mines in Queensland,

Australia has a long history, and has built a world-leading institutional and technical system. It still faces problems such as low land rehabilitation rate, lack of restoration funds, and many legacy mines. In the face of many challenges, Queensland created a progressive rehabilitation system, which was implemented in 2020 after the approval of the state parliament. This paper introduces the background, planning, assessment, implementation, and transition provision of the progressive rehabilitation and closure system, and puts forward suggestions for the dynamic ecological restoration of mines in China.

Key Words: Ecological Restoration; Progressive Rehabilitation; Mine Closure; Institution Reform

作者简介

杨永均 中国矿业大学环境与测绘学院副教授,博士,硕士生导师,主要从事矿山生态修复领域的教学与研究工作。

美国矿业灾害防治及职业安全健康

李忠辉　李雪丽　雷跃宇

摘要：能源推动社会经济发展，同时能源革命及其带来的工业革命也会带来事故灾害、环境破坏和社会负面影响。美国早期煤矿安全生产事故频发，随着安全技术的进步以及安全健康管理机制的逐步完善，美国的煤矿安全事故发生率逐步降低。本文通过分析美国煤矿灾害现状及风险防治，探讨美国能源需求增大带来的煤矿安全开采问题及美国当前煤矿安全生产领域的关注热点。

关键词：矿业灾害防治；能源结构；安全生产；职业安全健康

纵观人类社会发展史，工业革命与能源革命几乎是同时发生的。能源革命促进了工业革命，促进了社会生产力的极大提高，也促进了人类文明的进步，与此同时，能源形式（能源供给方式）的变革也给人类社会的安全健康带来诸多问题。总的来看，能源的历次重大变革包含了植物能源—煤炭化石能源—石油化石能源—可再生能源等主要发展阶段。① 能源革命推动了人类社会文明进步，也带来了灾害和社会负面影响。以第一次工业革命为代表的煤炭化石能源的生产、消费对人类社会的发展带来了突破性的进步，产生的影响也是最深远的。

---

① 史丹，王蕾：《能源革命及其对经济发展的作用》，《产业经济研究》，2015年第1期，第1—8页。

20世纪初期,美国煤炭生产由于落后的生产条件以及煤矿安全管理体制的缺乏,工人的劳动条件十分恶劣,井下矿难事故频发。在美国经济社会的高速发展过程中,各行业对能源的需求急剧上升,作为煤炭生产消费大国,美国煤矿的大规模开发利用引发了新的安全问题,成为社会的关注热点。因此,煤矿安全健康管理体系的建立迫在眉睫。

为加强煤矿安全管理,美国联邦政府及各州政府开始颁布煤矿生产相关法律法规,成立煤矿管理机构,加强立法和管理。在煤矿开采过程中,煤矿安全管理体系是煤矿安全运行的保障。在世界主要产煤国中,美国是最早建立健全煤矿安全健康管理机制的国家:最早颁布实施了《联邦职业安全与健康法》,成立了矿山安全与健康监察局(MSHA),制定了矿山职业安全与健康标准、矿山职业安全与健康手册。随着美国煤矿安全健康管理机制的逐步完善,美国的煤矿安全事故发生率逐步降低。煤矿生产安全和职业健康环境相关法律法规的适时制定修订、监管体系的不断完善、科技创新及技术设备的升级,使美国煤矿安全生产水平和环境保护水平一直处于世界领先地位。

本文通过回顾美国能源结构、能源革命与矿业领域安全管理发展历程,分析美国矿业领域灾害现状及风险防治,探讨美国能源需求增大带来的煤矿安全开采问题及美国当前安全生产领域的关注热点。

一、煤炭在美国能源系统中的地位

(一)煤炭是工业的粮食,能源是社会的血液

美国的煤炭产量在世界煤炭产量中占有重要地位,截至2020年年底,美国探明煤炭储量为2 489.41亿吨,占世界储量的23.2%,居世界第1位。其中,无烟煤和烟煤为2 189.38亿吨,次烟煤和褐煤为300.03亿吨,分别占美国煤炭储量的88%和12%[①]。而中国探明煤炭储量占世界的13.3%。

美国1990—2022年煤炭产量如图1所示。30多年来,美国煤炭产量整体呈下降趋势,2008年煤炭产量达到峰值11.72亿吨,2020年出现最低

---

① "Statistical Review of World Energy 2021". https://www.bp.com/en/global/corporate/news-and-insights/press-releases/bp-statistical-review-of-world-energy-2021-a-dramatic-impact-on-energy-markets.html.

值5.35亿吨。2022年煤炭产量5.97亿吨,接近历史最低水平,约占世界煤炭产量的7%,仅次于中国、印度,居世界第3位。①

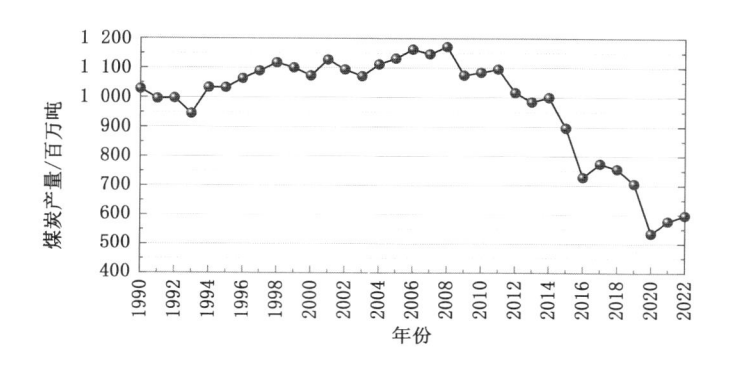

图1 1990—2022年美国煤炭产量变化趋势

2010—2020年美国煤炭生产量、消费量及出口量均呈下降趋势,消费量在2010年达到峰值10.49亿吨,进口量在2010年达到峰值19 353吨。出口量呈波动态势,2012年达到峰值12 575吨。

(二)煤炭在美国能源系统中的地位

1. 煤炭在美国能源生产中的地位

目前,美国煤炭开采提供的就业岗位约占美国矿业就业总量的27%,煤炭开采劳动收入占劳动收入总量的31%,煤炭开采对经济的贡献占矿业对GDP贡献的26%。② 由于天然气和可再生资源在发电方面存在较大优势,美国煤炭产量自2008年达峰后大幅下降,2020年煤炭产量仅占美国能源总产量的11.2%,为1990年以来的最低;2021年煤炭产量占能源总产量的11.9%。③ 2015—2021年美国一次能源产量比重变化如图2所示。

---

① "U. S. Energy Information Administration". *Monthly Energy Review January* 2023. https://www.eia.gov/totalenergy/data/monthly/.
② 孙超,黄文杰,桂天柱:《美国煤炭工业发展趋势及对我国的启示》,《煤炭经济研究》,2021年第2期,第51—58页。
③ "U. S. Energy Information Administration". *Monthly Energy Review January* 2023. https://www.eia.gov/totalenergy/data/monthly/.

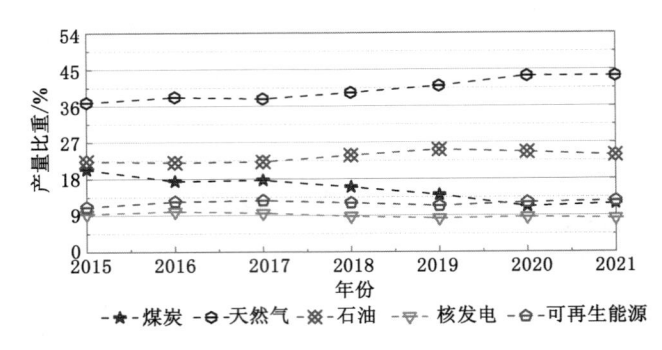

图 2　2015—2021 年美国一次能源产量比重变化

2. 煤炭在美国能源消费中的地位

自 20 世纪 20 年代起,由于内燃机的推广使用、廉价进口石油的冲击,美国石油消费比重超过煤炭,煤炭比重下降。20 世纪 70 年代中期以后,为摆脱"石油危机"影响,煤炭地位开始提高,随后十几年煤炭消费比重基本保持稳定。2018 年美国煤炭消费量为 6.88 亿吨,约占世界煤炭消费总量的 8.4%,为 1990 年以来的最低水平。[①] 2021 年美国一次能源消费构成比例如图 3 所示,其中,天然气消费量最高,为 43.4%;石油次之,为 23.8%;煤炭消费量为 11.9%,接近最低水平,在一次能源消费中位居第 4。

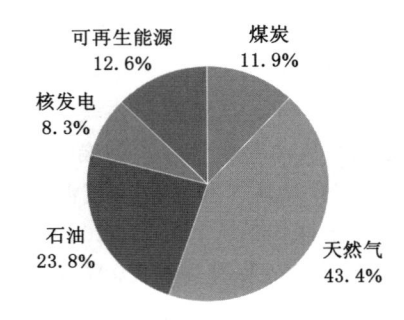

图 3　2021 年美国一次能源消费构成比例

图 4 为 1990 年和 2021 年美国煤炭消费结构对比图,美国煤炭主要用

---

① 孙超,黄文杰,桂天柱:《美国煤炭工业发展趋势及对我国的启示》,《煤炭经济研究》,2021 年第 2 期,第 51—58 页。

于发电和炼焦。

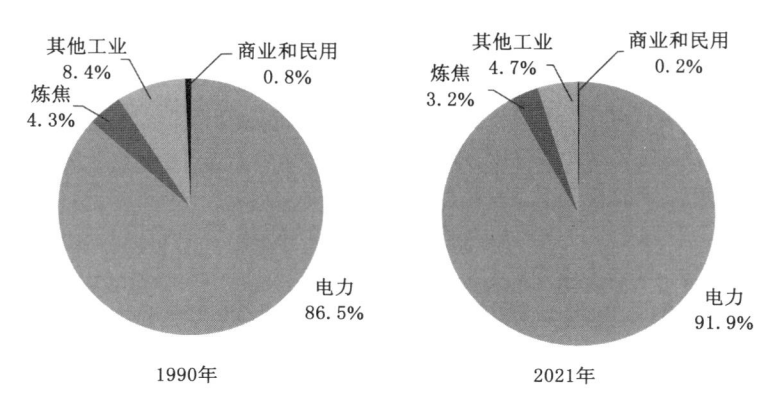

图 4 1990 年和 2021 年美国煤炭消费结构对比

二、美国矿业领域安全管理发展历程

美国煤矿生产早期,工人劳动条件恶劣,生产事故频发。19 世纪末到 20 世纪初,在工人的维权斗争和社会公众的关切下,煤矿开采企业不得不改善安全生产状况。1867 年,美国马萨诸塞州建立了国内第一个工厂检查部门。1908 年美国建立匹兹堡采矿与安全研究所,1910 年成立煤矿管理局,1913 年成立劳工部和全国工业安全委员会(全国安全委员会),1915 年成立美国安全工程师协会。20 世纪 50 年代,美国开始以实行工程技术教育为基础的安全管理制度,标志着美国现代安全管理的起步。1969 年,美国颁布《联邦煤矿安全与卫生法》,这是美国第一部有关煤矿安全卫生的法律。1970 年 12 月,美国颁布了第一个全国性的安全卫生基本法——《职业安全与卫生法》。为营造更好的工作环境、确保员工的安全和健康,1971 年美国劳工部职业安全卫生管理局(OSHA)成立,并依据相关法律组建了职业安全卫生研究所(NIOSH)。1977 年,美国成立矿山安全与健康管理局(MSHA)。20 世纪 90 年代以来,国际上提出了"可持续发展"的口号,人们充分认识到了安全问题与可持续发展间的辩证关系,美国进而又提出了"职业安全健康管理体系"(OSHMS)的基本概念和实施方法,使安全管理走向了标准化和现代化。

美国的煤矿安全管理具有以下特点:

① 政府主要依靠立法和监督检查来监督企业改善劳动条件和防止工伤事故。

② 重视安全卫生教育。

③ 重视开发新技术、使用新设备,以开展安全科学研究工作。

美国矿山安全与健康管理局把美国煤矿的"高产量、低伤亡"归功于"成功三角",即严格的执法、强化的培训和新技术的应用。[①]

在执法方面:美国煤矿安全监察机构强调执法和事故调查的独立性,部门之间没有职能交叉的现象。

在培训方面:美国主要通过政府拨款,对监察员和煤矿工作人员进行全员和全方位的培训。

在新技术的应用方面:主要体现在信息化技术的广泛采用,全面的机械化和自动化采掘,新型通风和电气设备的推广等。

美国政府每年在煤矿安全方面投入大量资金,大力推进煤矿安全技术保障体系的建设,推动新技术和装备的应用。美国矿山安全与健康管理局设立技术支持司,专门负责煤矿安全技术装备生产工作。其下属的匹兹堡安全健康技术中心为煤炭行业提供技术支持,而认证中心则进行矿用设备及材料认证,保证井下设备的安全运行。另外,美国职业安全卫生研究所还在矿井通风、瓦斯防治、火灾防治、防尘、冲击地压、顶板事故防治以及职业病防治等多个方面进行研究,开发了多项新技术和装备,保障了煤矿生产安全。

三、美国矿业领域灾害现状及防治

(一)美国煤矿安全生产现状

20世纪的前30年,美国煤矿事故频发,平均每年煤矿事故死亡2 000多人,1907年最严重时高达3 242人。为加强煤矿安全管理,美国联邦政府及各州政府颁布多部法律法规,成立煤矿安全相关管理机构,加强立法和管理。同时,由于综合机械化和自动化在煤矿开采过程中的推广应用,煤矿用工人数不断减少,生产效率持续提高,煤矿作业环境得到改善,煤矿安全生

---

① 《发达国家职业安全健康主要经验与做法(2)——推行先进的安全管理理念和模式》,《劳动保护》,2013年第3期,第119—121页。

产形势逐渐好转。

根据美国能源信息署数据,由于煤炭产量的不断下降和先进采煤技术的推广,煤矿工人数量自 2008 年以来持续下降,2016 年起降至 10 万人以下,其中,2021 年煤矿用工人数仅为 39 429 人,比 2008 年减少了 47 291 人,降幅达 54.5%。

煤矿工人数量的下降也是影响煤矿百万吨死亡人数的关键因素之一。图 5 为 1990—2021 年美国煤矿事故死亡人数和百万吨死亡率示意图。1990 年以来,美国煤矿安全生产形势有 3 个阶段性明显特征,1990—1998 年为事故快速下降期,死亡人数由 1990 年的 66 人下降到 1998 年的 29 人,降幅达 56%,百万吨死亡率下降到 0.026。1999—2010 年为事故频发波动期,该时期煤炭需求量大,造成事故频发。其中,2010 年事故死亡人数最多,为 48 人,百万吨死亡率为 0.044;2009 年事故死亡人数最少,为 18 人,百万吨死亡率为 0.017。2011—2021 年为事故低发稳定期,该时期事故死亡人数均低于 20 人,百万吨死亡率均低于 0.02。其中,2020 年事故死亡人数仅为 5 人,百万吨死亡率为 0.009,为 1990 年来最低;2021 年事故死亡人数为 10 人,百万吨死亡率为 0.017。

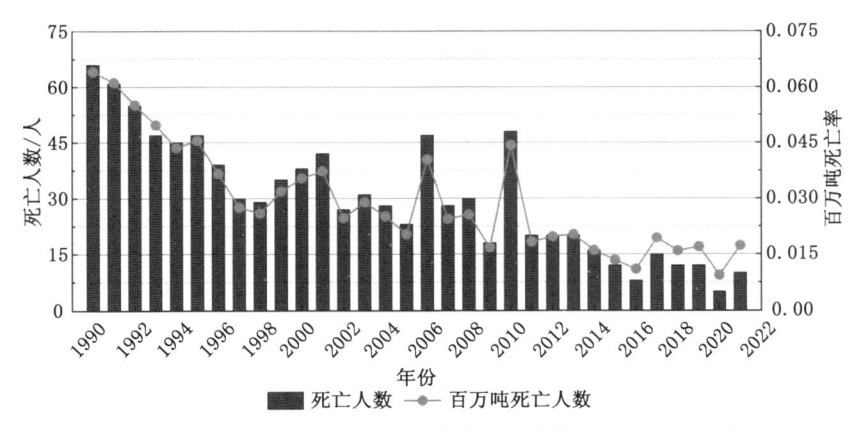

图 5 1990—2021 年美国煤矿事故死亡人数和百万吨死亡率

(二)美国矿山灾害类型

美国煤炭赋存条件好,露天煤矿比例为 61%,而中国仅为 3.3%,地采矿井占比 39%,且主要开采浅部煤层,边坡坍塌、排土场滑坡、滚石、机械事故、车辆倾覆、车辆高处坠落是较常见的事故灾害。美国地采煤矿虽然埋藏较浅，但瓦斯积聚、煤尘积聚引发瓦斯煤尘爆炸事故或者煤炭自燃引发火灾仍有发生，这些是困扰美国煤矿安全生产、后果较严重的事故。2010年4月5日，美国西弗吉尼亚州 Upper Big Branch 煤矿发生煤矿瓦斯爆炸事故，造成至少29人死亡，出事矿井所属公司赔付了近2.1亿美元。这是自1984年以来美国发生的最严重的一起煤矿事故，引发了美国政府对矿井安全的大规模关注。事故发生后，美国政府大大加强了对煤炭行业的监管。

（三）美国煤矿安全生产法律法规

1. 美国煤矿安全管理体制沿革

美国煤矿安全管理及立法始于1891的第一部联邦法规《联邦煤矿安全管理条例》，它标志着美国矿山安全管理的规范化和矿山安全活动立法的开端。美国煤矿安全管理体制的发展可以分为早期安全管理立法阶段、修订完善阶段、日臻成熟阶段等三个重要的历史阶段[①]：

（1）早期的煤矿安全管理体制及立法阶段（1891—1951年）

美国早期的煤矿生产从联邦和州层面都没有安全管理体制，没有任何专门的安全法律法规保障，工人劳动条件十分恶劣，矿难事故频发。19世纪60年代，由于过多的煤矿安全事故的不良社会影响，美国国会曾尝试建立联邦矿山安全管理体制，但因认识水平限制和立法经验不足，没有起到多大的作用。1891年美国国会通过的《联邦煤矿安全管理条例》标志着规范矿山活动联邦立法的开端，由于该条例的法律位阶较低、相关的规定较为宽泛，对煤矿安全生产的作用有限。1910年美国国会通过成立矿业局的法案，是美国煤矿安全管理体制建立的重要标志性事件。

（2）修订完善阶段（1952—1976年）

1951年12月，西法兰克福发生煤矿瓦斯爆炸事故，造成119名矿工遇难，引起公众极大关注。1952年美国国会颁布实施了《公众法552》，并通过了《1952年煤矿安全联邦法案》，要求对地下开采煤矿进行年检。1966年美国国会通过了《金属和非金属矿山安全联邦法案》，将1952年煤矿法的适用范围扩大到所有的井工开采矿山。1969年美国国会通过《煤矿安全与健康

---

① 李新娟：《美国煤矿安全管理体制及其立法沿革》，《郑州大学学报》（哲学社会科学版），2014年第8期，第50—53页。

联邦法案》(通常简称为《1969煤矿法案》),该法案比此前的那些法案都更加全面和严格,规定了针对所有煤矿的更为严格的安全标准,并建立了职业健康标准,规定了对患煤工尘肺病矿工的赔偿。《1969煤矿法案》的颁布实施,标志着美国煤矿安全立法逐步走向成熟,对煤矿安全生产起到了重要的作用。

(3) 日臻成熟阶段(1977至今)

通过合并和大量修改1969年的《煤矿安全与健康联邦法案》和1966年的《金属与非金属矿山安全联邦法案》,1977年10月美国国会通过了《1977年联邦矿山安全与健康法案》(简称《矿山法案》)。2006年,美国国会进一步通过《矿山改善与应急新法案》,修订补充了《矿山法案》中有关地下开采煤矿应急的方案,进一步提高了企业发生矿山事故的成本。目前美国煤矿执行的职业安全与健康法规主要是《联邦职业安全与健康法》《1977年联邦矿山安全与健康法案》《矿山改善与应急新法案》。

2. 美国煤矿安全生产的经验总结

(1) 加强煤矿安全立法,建立安全检查制、事故责任追究制和连带责任制,严格执法。

(2) 发展矿工工会组织,并发挥其在监督煤矿企业安全生产中的重要作用。

(3) 建立"高度独立"的煤矿安全监察体系。

(4) 加大安全科研投入开发和推广先进技术手段。

(5) 加强矿工技术与安全培训,提高矿工素质和防范风险的技能与意识。

(6) 信息及时公开,快速分析事故原因,保证公众监督透明化。

四、美国当前生产安全领域的关注热点

煤工尘肺病仍然是危及矿工生命健康的职业病。2009年11月,国际劳工组织在德国杜塞尔多夫召开了国际安全和健康会议,主题为在全球范围内实施职业安全和健康标准。同年12月,美国矿山安全与健康管理局发布了"消除煤工尘肺病行动计划",其中包括教育、执法、培训、制定标准及与利益攸关者合作等方面,目的是在煤矿工人中减少煤工尘肺病患者的数量。

煤工尘肺病是一种因暴露于可吸入煤尘而导致的致命性疾病,且不可治愈。在过去10年中,美国有1万多名矿工死于煤工尘肺病,1970年至

2010年,联邦政府已经支付了440亿美元的煤工尘肺病致残赔偿费用。[①]美国矿山安全与健康管理局(MSHA)启动的"消除煤工尘肺病行动计划"主要内容为：

① 发放煤工尘肺病防治宣传材料；

② 与美国职业安全卫生研究所联合举办系列研讨会,分享粉尘控制技术,及煤矿工人职业性肺病个体防护措施；

③ 煤矿监察员结合"粉尘特别监察计划",执行监察时重点关注与职业健康相关的内容；

④ MSHA定期检查、评估粉尘控制的效果；

⑤ 更新煤矿的粉尘个体监测器(CPDM),并为每个班次持续报告粉尘接触浓度制定新技术标准。

The U. S. Mining Disaster Prevention and Occupational Safety and Health

Abstract：Energy promotes social and economic development. At the same time, the energy revolution and its industrial revolution would also bring accidents, environmental damage and social negative effects. As the second largest coal mining country in the world, the early coal mine production accidents in the United States were severed. With the progress of safety technology, legislation and safety supervision, the incidence of coal mine safety accidents in the United States had decreased, which benefited from the establishment and improvement of the coal mine safety production management system in the United States. By reviewing the development process of energy structure, energy revolution and safety management in the mining industry in the United States, this paper analyzed the current situation and risk prevention of disasters in the mining industry in the United States, and discussed the coal mining problems brought by the increase of energy demand in the United States and the current hot spots in the field of safety production in the United States.

---

① 宁丙文译：《环球职业安全健康动态》,《劳动保护》,2010年第2期,第120—121页。

Key Words:Occupational Safety and Health;Energy Demand;Coal Mine Safety Production

作者简介

李忠辉 中国矿业大学煤矿瓦斯与火灾防治教育部重点实验室教授,博士生导师。主要从事煤岩动力灾害防控、安全监测与大数据分析、安全管理等领域的教学与科研工作。

李雪丽 中国矿业大学安全工程学院硕士研究。

雷跃宇 中国矿业大学煤矿瓦斯与火灾防治教育部重点实验室硕士研究生。

后疫情时代中澳资源合作趋势及对中国资源安全的启示

黄 丽

摘要：中澳两国在资源禀赋和资源结构上的高度互补是两国资源合作的内在动因。本文聚焦后疫情时代两国资源合作现状，从合作形式、贸易结构、合作机制及外界影响等方面对两国资源合作进行剖析，总结了两国资源合作的新特点，并提出在新形势下有关中国资源安全保障的一些具体建议。

关键词：后疫情时代；中澳资源合作；资源安全

中国和澳大利亚均为资源大国，受资源禀赋和资源结构的影响，两国资源经济发展的重心不同。改革开放以来，中国已初步形成以煤炭为主体，以电力为中心，石油、天然气和可再生能源全面发展的能源供应格局，基本建立了较为完善的能源供应体系；相较而言，澳大利亚则是以铁矿、煤炭、铝矿等矿物资源为主的资源经济模式。中澳资源经济构成的互补性，决定了两国资源合作的重点在铁矿石、煤炭、天然气、铀矿、铝土、铜、镍等能矿资源上。过去十多年，中澳资源合作进展较为顺利，不论是贸易还是投资，都取得了实质性的进展。新冠肺炎疫情暴发以来，莫里森政府相继推出干扰两国正常交流合作的举措，两国政治关系遭受了建交以来的重大挑战。2022年6月以来，阿尔巴尼斯政府为恢复两国贸易合作，在一定程度上有意缓和中澳关系，但其在国际上仍然与美国亦步亦趋。与此同时，中国政府采取的一些反制措施，对澳能矿出口的作用也逐渐显现。在此背景下，作为中澳经贸关系的重要支柱,两国能矿合作受到的影响有多大？中澳合作趋势将如何？加上俄乌冲突、国际政治经济局势的大动荡,这些对中国确保自身资源安全以及与其他国家或地区的能矿合作又有什么启示？以上是本文希望回答的问题。

一、中澳资源合作的现状和趋势

中澳资源合作主要体现在资源贸易和矿业投资上。贸易方面,澳大利亚政府于 2024 年 3 月发布的《资源和能源季刊》显示:2021—2022 财年澳对华出口矿产(含能源矿产)达到 1 495 亿澳元[①],对比 2018—2019 财年、2019—2020 财年与 2020—2021 财年的数据(分别为 1 111 亿澳元、1 265 亿澳元和 1 483 亿澳元),呈现出增幅放缓态势,这与新冠肺炎疫情暴发、两国政治关系的恶化以及国际能矿产品的价格波动等息息相关。具体来看,2021—2022 年度澳大利亚 81% 的铁矿石、30% 的液化天然气和 16% 的铜出口到中国[②],中国分别是澳大利亚这几种矿产的第一、第二和第一市场；由于中国政府出台的反制政策,如自 2021 年 5 月起中国无限期暂停国家发展改革委与澳联邦政府相关部门共同牵头的中澳战略经济对话机制下一切活动,其中包括煤炭、铁矿石及其他产品的贸易,2021—2022 财年度中澳冶金煤贸易额为零。从表 1 可以看出,澳大利亚对华出口的主要能矿产品,疫情前后的贸易额都出现了不同程度的波动,2021 年之后,煤炭、铜对华出口额都呈下降趋势,但铁矿石出口势头依然强劲,近三年澳对华出口铁矿石始终保持在其出口量的 81% 以上。液化天然气对华出口额在疫情期间下降明显,但其在 2021—2022 财年出现明显回暖,占其出口额的 30%。

与贸易的波动不同,后疫情时代双边矿产投资不论是数额还是规模大体呈持续下降趋势,尤其是中国对澳投资。虽然根据毕马威和悉尼大学联合发布的《解密中国在澳投资报告》,2022 年中国在澳大利亚投资总额为 14.2 亿澳元,比 2021 年的 5.85 亿澳元增长一倍多,但仍远低于 2011 年至 2017 年每年约 100 亿澳元的投资额(见图 1)。中国对澳大利亚投资持续低迷的原因主要有澳政府加大对来自中国投资的审查力度,中澳双边政治关

---

① Department of Industry. "Innovation and Science, Australian Government". *Resources and Energy Quarterly*, March 2024, Canberra: Commonwealth of Australia.

② Department of Industry. "Innovation and Science, Australian Government". *Resources and Energy Quarterly*, March 2023, Canberra: Commonwealth of Australia.

系紧张,以及新冠肺炎疫情导致全球对外投资总体下滑等。据《澳大利亚人报》报道,阿尔巴尼斯政府以"国家安全"为由,向议会提起了限制中国在澳大利亚 200 亿澳元的关键矿产行业的投资和影响的决议,如果该决议获得通过必然会让中澳贸易关系大受影响[①]。

表 1　2018—2022 财年澳大利亚对华出口的主要能矿产品

单位:百万澳元

种类	财政年度			
	2018—2019	2019—2020	2020—2021	2021—2022
铁矿石	63 467	84 786	124 820	108 307
冶金煤	9 890	9 777	1 668	0
动力煤	4 230	3 930	487	0
液化天然气	17 482	16 277	11 377	21 420
铜	3 606	3 787	2 747	1 958

注:本表系笔者根据澳大利亚政府 2024 年 3 月《资源和能源季刊》的数据编制而成。

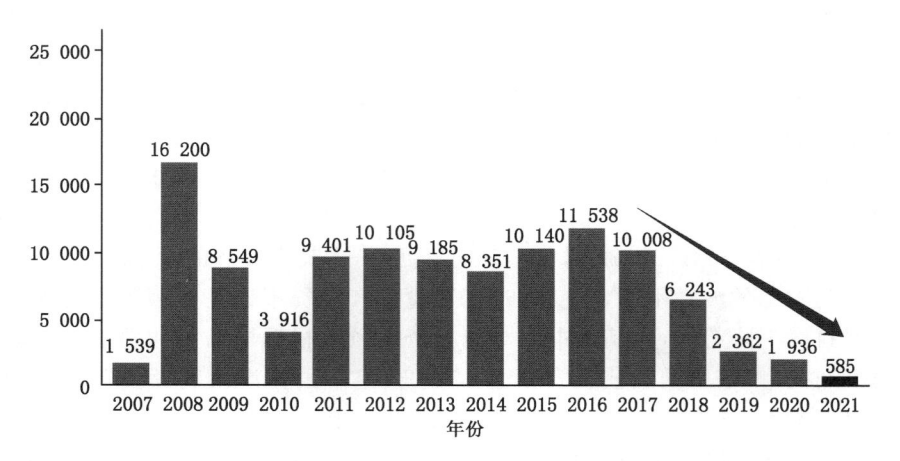

图 1　2007 年至 2021 年中国在澳大利亚的 ODI 投资(境外直接投资)(单位:百万澳元)

来源:KPMG、《澳华财经在线》

---

① "Rare Minerals to Be off Limits for Chinese Investors". *The Australian*. https://www.theaustralion.com.cn.

总体来看,中澳能矿产品贸易额和贸易量在疫情前后出现了明显波动,矿产投资总金额(主要是中国对澳大利亚投资)在2022年虽然轻微上升,但在各种因素的作用下,投资前景依然不太明朗。

二、后疫情时代中澳资源合作的特点

除了上述变化外,中澳资源合作在疫情前后呈现出一些具体特点。在气候变化、新冠肺炎疫情、俄乌冲突以及中美、中澳政治经济关系的大背景下,这些特点的重要性更加凸显。

(一)合作形式:贸易和投资总体波动,发展趋势不明朗

疫情前,中澳能矿贸易和投资发展出现分化趋势,表现为贸易额总体呈现稳定中增长的态势,但投资项目,尤其是中国在澳大型投资项目难度加大。2020—2021财年,双方资源贸易额达到了1 487亿澳元,相较于上一财年增长了17%。到后疫情时期,尽管中国经济增速放缓,但对矿产和能源的需求依然旺盛,加上自2020年5月开始,国际铁矿石价格急剧上升,故中澳资源贸易额在2021—2022财年仍然实现了增长,达1 495亿澳元。但因为自疫情以来不容乐观的中澳政治关系、中国接连出台禁运澳煤、钢铁限产等政策以及国际能矿产品价格的相继走低态势,两国间的资源贸易受到了较为明显的影响,有下降的趋势。虽然2023年3月中国逐渐恢复进口澳煤,但要恢复到疫情前水平还需一段时间。

投资方面,疫情后的中国企业在澳能矿投资项目的数量和数额持续走低,投资难度大。中国对澳矿产投资的主体多是国有大型企业,涉及金额巨大。这些对澳投资在澳大利亚看来不是单纯的商业行为,而被视为政府行为,往往增加项目获批难度,影响中国企业在澳大利亚进行投资的信心。疫情暴发后,一些大型投资项目难度加大甚至夭折,如中国神华能源有限公司(简称"中国神华")在澳沃特马克煤炭项目的推进可谓万般艰难。当然,随着中国经济逐渐从严格的新冠肺炎疫情防控措施中恢复,并且中澳双边关系趋于稳定,一些中国投资者可能会再次考虑在澳大利亚寻找投资机会。然而,澳大利亚严格的投资审查程序和中国政府不得不采取的反制措施可能会成为投资恢复的障碍。

(二)贸易结构:铁矿石占比进一步增大,绿色能源紧随其后

如表1所示,疫情前,虽然铁矿石在澳对华出口占比中已然最重,但其他主要资源产品的出口额也大体在稳定中增长,如冶金煤、铜等,延续了两国数十年资源贸易的产品结构;疫情后,除铁矿石外,2020—2021财年度澳对华出口的主要能矿产品大部分呈下跌趋势,冶金煤和动力煤更是在2021—2022财年度贸易额降至零澳元,只有铁矿石的对华出口额呈现飙升的态势,在2020—2021财年度高达1 248.2亿澳元,而当年度澳对华出口矿产(含能源矿产品)为1 487亿澳元。

随着阿尔巴尼斯政府采取了一些缓和两国关系的举措,两国经贸往来逐渐恢复,澳液化天然气对华出口开始迅速增长,2021—2022财年度贸易额由上一年度的113.77亿澳元增至214.2亿澳元,增长幅度可见一斑,这与中国国内能源结构的绿色转型不无关系。此外,中国企业也在积极在澳投资可再生能源。2023年8月,中国能建与澳大利亚企业战略签约,深化光储领域合作。随着中国认真履行《巴黎协定》相关承诺,回应中国人民对于"绿水青山"的期待,这一趋势还可能更加明显。这不仅有利于两国经济发展、创造就业,而且还利于双方履行国际义务,在国际社会树立合作应对气候变化的榜样[①]。

(三)合作机制:经济对话受阻,市场驱动主导

自2009年中国成为澳大利亚最大贸易伙伴以来,双方领导人为加强两国经济联系,在经济和投资领域开展战略对话方面作出了积极努力,于2014年实现了首次中澳战略经济对话。在对话机制的推动下,中澳经贸合作尤其是资源合作实现了飞速增长。新冠肺炎疫情暴发后,澳大利亚联邦政府不断作出有损两国政治经贸关系的举措,对此,中国于2021年发布声明,暂停与澳联邦政府相关部门共同牵头的中澳战略经济对话机制下一切活动。自此,中澳资源合作机制受阻,由政府协助引导向市场驱动倾斜。尽管阿尔巴尼斯政府实施了一些缓和举措,但短时间难以回到疫情前的对话合作机制。

---

① 王冰:《挫折中前进的中澳能矿合作:现状与未来》,《中外能源》,2020年第6期,第26—32页。

（四）外部影响：受地缘政治影响加剧

中澳两国一直被认为是"政冷经热"的政治经济关系,但随着新冠肺炎疫情和俄乌冲突的暴发,一些地缘政治问题、传统和非传统安全问题越来越凸显。当美国不断通过对中国的"污名化"来遏制中国发展的时候,澳联邦政府选择与美国亦步亦趋,全然不顾澳中两国长期以来互惠互利的经贸合作关系,致使两国政治关系经历建交以来的最大考验。虽然2022年两国双边贸易额超过2 200亿美元[①],但剖析贸易结构不难发现,澳煤炭、葡萄酒、牛肉、木材等商品对华出口均有不同程度的减少,而其资源出口的贡献值高达80％左右,尤其是铁矿石出口贡献最大。澳铁矿石对华的强劲输出,在一定程度上冲抵了中澳贸易受到政治关系所带来的恶性影响。但在中国政府的反制措施、国际铁矿石价格回落、气候变化、能源转型等新形势下,两国资源合作的前景充满了不确定性。

三、后疫情时代中澳资源未来合作的必要性

根据中国商务部的数据,2022年中国继续保持澳最大货物贸易伙伴、最主要进口来源地和出口市场地位。虽然自疫情以来,两国资源合作受到诸多因素影响,但由于两国资源合作在禀赋和结构上的高度互补,加之数十年建立的深入合作关系,中澳资源在后疫情时代仍有合作的必要。

（一）保障我国资源供应安全的需要

近年来中国经济平稳发展,对各种资源消耗品的需求不断扩大,能矿资源的供应安全是我国国家经济正常运行的物质基础。目前我国从澳大利亚进口的能矿资源产品主要有铁矿石、煤炭、天然气、铀、铝土、铜、镍等,尤其是对铁矿石的进口,大大缓解了国内经济发展对铁矿石需求量大增的问题。因此,后疫情时代的中澳资源贸易,不仅对被誉为"矿车上的国家"的澳大利亚来说尤为重要,而且是保障我国能矿资源供应安全的需要。

---

① 商务部:《中澳贸易一直正常开展,去年货物贸易额超2 200亿美元》。http://sydney.mofcom.gov.cn/article/ztdy/202203/20220303300831.shtml.

（二）完善亚太地区自由贸易体系的需要

拜登政府领导下的美国，虽然从表面上摒弃了特朗普时期的"单边主义和民族主义"，但在国际上是依旧打着重构更符合自己利益的经贸框架的主意，尤其在亚太地区。当中国申请加入《全面与进步跨太平洋伙伴关系协定》(CPTPP)后，美国贸易、商务官员随后便开始在印度洋-太平洋地区多国开展访问，试图加强与该地区盟友与伙伴的经贸联系，并谋划未来建立一个新的经贸框架，以减弱中国在该区域的影响力。而疫情以来一直紧随美国对华政策的澳大利亚已经尝到了苦果，例如就在澳大利亚的商品逐渐丧失中国市场之后，其盟友美国、加拿大却正在积极抢占相关市场。因此，继续加强双方资源贸易、巩固和完善亚太地区基于规则的自贸体系，不仅对于高度依赖对外贸易尤其是资源贸易的澳大利亚，而且对于国内高速发展对资源产品大量需求的中国，都显得十分必要。

（三）优化矿业结构和推动矿业可持续发展的需要

中澳两国同为重要的温室气体排放国[①]，都面临持续减排和履行2022年27届联合国气候大会上通过的《联合国气候变化框架公约》的压力。全球正经历以低碳能源为主的巨大变革。各国应逐步实施结束化石燃料补贴、淘汰煤炭、为碳定价等措施。作为世界上最大的发展中国家，目前中国已强化自主贡献目标，加快构建碳达峰、碳中和"1＋N"政策体系，积极探索低碳发展新模式。因此，优化矿业结构、发展可再生能源、实现能源转型变得尤为紧迫。除几种大宗资源产品外，中澳资源贸易可进一步加强支持低碳能源所需的金属贸易，包括锂和铜等。同时，澳大利亚资源产业先进的环保技术和措施，也可为我国矿业可持续发展提供一些借鉴。因此，继续深化中澳矿产和能源合作，尤其是新能源和新技术方面，有利于优化我国的矿业结构，促进我国矿业的可持续发展，加快矿业绿色低碳转型，实现经济绿色复苏发展。

---

① 根据国际能源署数据，2021年中国与澳大利亚温室气体排放量分别为第1位和第16位。https://www.iea.org/countries/china/emissions.

四、对中国资源安全保障的启示

能矿资源,特别是一些战略性矿产资源是一个国家经济发展和国家安全的重要保障。中国虽然是能矿大国,但大部分矿产资源存在开采和提取难度大的问题,国内部分矿产资源很难自给自足,对国外进口有较强的依赖性。中澳资源合作在后疫情时代出现的种种新特征和新挑战,无疑给中国在新形势下的资源国际合作和资源安全保障带来一些思考和启示。

(一)加快全球能矿战略目标从"能矿实力"到"能矿权力"转变

我国对外资源合作实践,经历了新中国成立初期完全依靠苏联、改革开放经济高速腾飞时期的"引进来"和"走出去",以及开展全球范围多方面的能矿资源合作建设三个时期。这三个时期是中国"能矿实力"从无到有、从小到大的蓄积阶段。目前,我国已与世界多个国家签订了政府间能矿合作协议或框架协议,建立了多个油气国际合作区域,参与了多种矿产资源的海外开发合作项目等,这些都是我国能矿实力的体现。"能矿权力"是一种基于一国能矿实力所产生的能够实现该国国家利益及影响他国的能力。随着时代的发展,能矿权力已不再单指油权,还包括能源矿产的供应、需求、技术、金融等方面,尤其是新世纪以来环境污染问题突出,能矿权力也涉及碳权,即掌握了能源产品含碳量的计算方法以及碳政治的话语权,在低碳经济秩序中具有的相对权力[①]。经过半个多世纪的积累,当前我国在一定程度上具备了影响他国甚至世界的能矿实力,促进全球战略目标从"能矿实力"到"能矿权力"的转变,能使我国更深入地参与全球能矿治理,促进我国国际资源合作向多元、多方位方向发展,也对我国国家政治和安全利益的实现起到推动作用。

(二)提升国家统筹规划资源总体布局的能力,守住资源安全底线

经济和社会发展过程中必然会出现不可预见的风险,我们在发展的同时,在应对突发状况、抗风险、保安全的能力建设方面也应该得到同步提

---

① 许勤华:《中国全球能源战略:从能源实力到能源权力》,《中国战略》,2017年第5期,第62—68页。

升①，这需要在国家层面上做好资源布局的统筹规划，在面对突发状况时能提升守住资源安全底线的能力。改善矿产资源的总体布局，首先是加大资源勘探开发力度，通过找矿夯实资源储备基础，这是增强资源自主能力的长期战略；其次，进一步升级和优化资源开采和提取技术，尽快攻克一批具有战略性、革命性意义的关键技术，使国内"贫矿"也能开采和提炼出"富矿"产品，打破原有矿产画地为牢的局面；再者，提出合理的战略性矿产资源矿种清单及安全保障关键指标、渠道，包括新增资源量、保有资源量、储采比、储备矿产资源等②，有计划、有步骤和有针对性地实施资源安全保障措施；最后，增强资源库存调节的灵活性，在突发事件情况下，能做到有效、快速地调动各种资源库存，尤其是战略性能矿资源，以保障国家经济正常运行。

（三）深化国际多元合作，积极构建全球战略性资源供应链

因受制于国内储量和开采成本的影响，我国对传统战略性能矿产品如煤炭、石油、天然气、铁矿石等和一些新兴战略性矿产如稀土、锂、石墨、萤石、锆等的需求逐年增长。然而我国这些战略性矿产资源都不同程度地被别人"卡脖子"，短期内很难形成国际竞争力。面对这种状态，一方面，我国应大力推动资源多边合作，实施资源多元化进口战略，进一步拓宽进口渠道，丰富合作机制，着手在世界范围内"找矿""采矿"，改变原有某种能矿产品对某些国家的依存度。另一方面，我国应利用自身优势，联合资源丰富的国家，整合能矿产品，形成一个全面的、弹性的和相对稳定的全球资源供应链，尤其是战略性矿产资源。打造独具优势的矿产资源供应链，不仅能有效地应对突发事件和极端情况，而且对实现国家安全具有重要的现实意义。

（四）提升资源产品议价能力，逐步掌握合作主导权

后疫情时期，中澳资源合作的贸易战实际是铁矿石之战，面对价格不断上行的铁矿石，我国一度在其国际定价话语权上处于劣势。在积极实施了一系列反制措施后，如为迎合 2030 年碳达峰和 2060 年碳中和的节能减排

---

① 李强：《新冠肺炎疫情下的经济发展与应对——基于韧性经济理论的分析》，《财经科学》，2020 年第 4 期，第 70—79 页。

② 《立足国内，全面提升矿产资源保障能力》，中华人民共和国自然资源部网站。http://field.10jqka.com.cn/20200911/c623526161.shtml.

目标,放慢国内钢铁生产速度、减少铁矿石进口,同时积极寻求与其他国家开展铁矿石贸易与开采合作等,铁矿石在大宗货物市场的价格出现了下降。由此可见,要保障资源安全,需进一步提升我国资源产品议价能力。以铁矿石为例,当前中澳资源合作态势动荡下行,这为我国提升铁矿石国际定价话语权提供了机遇。我国应该充分利用当前铁矿石下跌的窗口期,加大国内钢铁蓄积量和储备力度,大力进口比铁矿石原材料价格更低的二次钢铁,提升二次钢铁利用技术,促进废钢成为钢铁冶炼的主要原料,逐渐减少铁矿石原材料的进口,适当调整铁矿石供需的天平,以提升我国在铁矿石国际定价的话语权。此外,可以借助疫情对国际资源贸易的消极影响,通过与其他国家组建"买方联盟"等手段,参与资源产品的定价和议价,逐步掌握合作主导权,以确保我国资源供应安全。

(五)提高资源技术研发投资力度,深化绿色资源国际合作

当前我国存在绿色资源使用比例较低、环境污染问题突出的情况,故推动能源转型、改善环境迫在眉睫。首先,应提高资源技术研发投资力度,尤其是传统能源的开发和利用,进一步改进技术和改善管理,提高利用率,减少对环境的污染;其次,应减少煤电进口贸易,转向较为清洁的天然气、铀、锂等,实现资源合作结构的绿色低碳转型,从而进一步实现我国能源结构的绿色转型;最后,我国风电、光电等新能源领域的关键技术包括储能技术、智能化技术和电池技术等已取得了显著的成就。因此,应加强和深化新能源技术国际合作,这对我国加速绿色低碳转型、实现2030年碳达峰和2060年碳中和的节能减排目标,都具有十分重要的意义,有利于中国在国际社会树立合作应对气候变化的榜样。

五、结语

后疫情时代的世界政治经济新形势,使得中澳间的能矿合作面临诸多挑战。但由于两国在资源禀赋和资源结构上的高度互补,中澳资源在后疫情时代仍有合作空间,这对改进两国关系有一定的促进作用。同时,中澳战略经济对话机制重重受阻、中澳铁矿石贸易摩擦、中国企业在澳投资碰壁等问题,引发了对中国未来国际资源合作和资源安全保障策略的深入思考。

Sino-Australia Energy and Mineral Cooperation Prospect and Its Enlightenment on China's Energy and Mineral Security in Post Pandemic Period

Abstract: The high complementarity of resources endowment and structure between China and Australia is the internal motivation of resources cooperation between the two countries. This paper studies the current situation of resource cooperation between the two countries in the context of political relations, such as the epidemic and the Russia-Ukraine war, analyzes it in terms of the form of cooperation, trade structure, cooperation mechanism and external influence, and finds that the resource cooperation between the two countries presents new features different from those of the past. This paper also puts forward some specific ways for China to ensure its energy and mineral resources security under the new situation.

Key Words: Post COVID-19 Period; Sino-Australia Energy and Mineral Cooperation; Resources Security

作者简介

黄 丽 博士,华东理工大学澳大利亚研究中心副主任,研究领域为国际关系研究、澳大利亚研究。

中澳媒体关于气候责任的话语对比研究

陆惟谊

摘要：为应对气候变化的全球影响，世界各国都应主动承担气候责任。然而，当前各国对气候责任的认知及归属划分还存在差异，对维护气候正义、全球气候治理产生不利影响。本文基于文化话语分析理论，考察了2015年12月—2023年6月《澳大利亚人报》和新华社英文版气候责任相关报道，发现中澳媒体在话语主体、话语目的、话语主题和内容方面都存在差异，表现为中方媒体注重国家和政府主体，侧重国际传播，内容上聚焦国际责任和国际合作；澳方媒体倾向于采用多级主体，偏向国内传播，内容以国内事务为主。两国媒体话语的共性与差异既受文化因素影响，也反映了《巴黎协定》通过后两国政策议程和媒体议程的变化。

关键词：气候责任；媒体话语；文化话语研究；文化维度

一、引言

当前，气候变化的不利影响日益显现，全球行动紧迫性持续上升，各方需要共担气候责任，落实减排行动。2015年，第21届联合国气候变化大会通过了《巴黎协定》，该协定将所有国家都纳入了全球减排行列，同时坚持

"共同但有区别的责任"原则①。中国作为发展中国家及碳排放大国,主动承担气候责任,全面落实《巴黎协定》,积极参与全球气候治理,为应对气候变化作出了重要贡献。然而,国外一些媒体在涉华气候变化报道中却时常突显"气候风险的责任归因"议题,建构中国产生气候及安全威胁、抢夺生态和经济资源的负面形象,这类污名化现象不利于我国开展气候公共外交、表述气候正义话语、争夺气候话语权。

新闻媒体不仅是公众对环境问题的敏感与认知的来源,也是相关议题讨论和争辩的中心论坛。因此,分析新闻媒体在气候责任议题上的话语建构策略,可以在一定程度上反映政府、公众等主体对气候责任的认知现状。然而,目前对于气候责任的研究集中在法学、伦理学等学科,对气候责任与媒体话语的研究稍显不足,且已有研究聚焦发达国家,无法全面反映中外媒体对气候责任的认识、报道逻辑和背后文化及社会关系的差异。本文基于文化话语分析理论,运用语料库方法,通过比较2015年12月《巴黎协定》通过以来《澳大利亚人报》与新华社英文版气候责任相关报道,探究中澳媒体在气候责任报道上存在的话语差异及其生成的原因,从而为提升我国气候传播能力寻求路径。

二、相关研究

(一)气候责任

"气候责任"这一学术概念可追溯至20世纪初,但联合国并未对其作出官方定义。潘晓滨②基于过往研究,指出广义上的气候责任是地球上每个国家、公民、组织和社会团体都应承担的一项共同保护大气环境容量,采取包括减缓、适应以及其他应对气候变化的道德与法律维度的责任。该定义将气候责任划分为主体维度、道德维度和法律维度三类范畴。国内研究中,主体维度相关研究的研究对象以国家和个人为主。在国家层面,研究聚焦

---

① 吕江:《〈巴黎协定〉:新的制度安排、不确定性及中国选择》,《国际观察》,2016年第3期,第92—104页。
② 潘晓滨:《论气候责任的道德维度及其世义务转变》,《道德与文明》,2017年第1期,第127—132页。

我国应对气候变化[①]与气候治理的责任[②]、国际关系对气候责任的影响[③];在个人层面,钱皓[④]及史军和吴琰[⑤]均认为普通个体也应承担气候责任,并对气候变化下的个人责任作出了界定阐释。道德维度聚焦气候责任的内涵价值及分配原则,其内涵体现为生态责任、代际责任和国际责任[⑥],分配原则有污染者付费、受益者付费、有能力者付费原则等[⑦]。法律维度包含气候责任的法律属性[⑧]、影响评估[⑨]和诉讼路径[⑩]等。

国外研究的维度与国内相似,但在维度上扩充了主体的范围,将公众[⑪]、城市居民[⑫]与气候责任的关联纳入考察范畴。同时,研究也进一步探讨了不同主体间的互动对承担气候责任的影响,如公私部门参与气候适应行动[⑬]、欧盟不同国家参与减缓气候变化行动的差异。除对理论要素的探

---

① 史亚东:《浅析中国在国际气候合作中的碳减排责任》,《生态经济》,2013 年第 11 期,第 79—82 页。

② 田慧芳:《国际气候治理机制的演变趋势与中国责任》,《经济纵横》,2015 年第 12 期,第 99—105 页。

③ 谢来辉:《中美气候博弈中的权力与责任》,《国外理论动态》,2023 年第 1 期,第 137—146 页。

④ 钱皓:《正义、权利和责任——关于气候变化问题的伦理思考》,《世界经济与政治》,2010 年第 10 期,第 58—72 页、第 158 页。

⑤ 史军,吴琰:《应对气候变化的个体责任探究》,《广西社会科学》,2017 年第 5 期,第 150—154 页。

⑥ 潘晓滨:《论气候责任的道德维度及其对世义务转变》,《道德与文明》,2017 年第 1 期,第 127—132 页。

⑦ 王莹莹:《何种正义,如何有效——重思气候责任分担中的伦理原则》,《中国地质大学学报》(社会科学版),第 1—10 页。

⑧ 李威:《责任转型与软法回归:〈哥本哈根协议〉与气候变化的国际法治理》,《太平洋学报》,2011 年第 19 卷第 1 期,第 33—42 页。

⑨ 龚向前:《解开气候制度之结——"共同但有区别的责任"探微》,《江西社会科学》,2009 年第 11 期,第 134—140 页。

⑩ 高利红:《气候诉讼的权利基础》,《法律科学》(西北政法大学学报),2022 年第 40 卷第 2 期,第 113—122 页。

⑪ Persson E,Knaggard A,Eriksson K."Public Perceptions Concerning Responsibility for Climate Change Adaptation".*Sustainability*,2021,13(22):125-152.

⑫ Fuller S."Configuring Climate Responsibility in the City:Carbon Footprints and Climate Justice in Hong Kong".*Area*,2017,49(4):519-525.

⑬ Mees H L P,Driessen P P J,Runhaar H A C."Exploring the Scope of Public and Private Responsibilities for Climate Adaptation".*Journal of Environmental Policy & planning*,2012,14(3):305-330.

讨外,国外研究也十分注重对气候责任的现实回应,表现为不同主体承担气候责任的对策机制研究,其中包括组织机制和交流机制,如运用"共同而对称的责任机制",从而提升国际社会的主动性[1];针对气候历史责任的外交谈判中的话语机制[2]和政策机制。

国内外研究在气候责任的主体、内容、分配和维护领域均进行了大量探索,为完善气候责任理论建构、指导气候保护行动提供了依据。然而,现有研究主要考察宏观层面的国家行动和微观层面的个人义务,对于中观层面企业、媒体等组织承担气候责任的内容及影响研究还不够充分。应对气候问题这一全球风险不仅需要依靠国家承担首要责任,也需要多元主体共同参与。大众媒体具有连接政府与公众的中介作用,推动全社会在气候变化问题上形成共识[3],媒体的话语建构反映着社会实践与权力的关系[4],对媒体在气候责任领域的话语建构开展研究有助于进一步厘清不同责任主体间的关联及互动机制,为维护气候责任、应对气候责任的分歧提供可行路径。

(二)气候责任与媒体话语

国内对气候责任与媒体话语的相关研究相对较少,其中李静[5]运用框架理论和社会认知话语分析理论考察了国内两家媒体对气候责任主体的呈现方式,发现媒体的气候责任报道将国家预设为责任主体。国外研究在领

---

[1] Deng H, Chen C. "Common and Symmetrical Responsibility in Climate Change: A Bridging Mechanism for Adaptation and Mitigation". *Journal of East Asia and International Law*, 2016, 9(1), pp.99-119.

[2] Friman M. "Consensus Rationales in Negotiating Historical Responsibility for Climate Change". *International Environmental Agreements—Politics Law and Economics*, 2016, 16(2), pp. 285-305.

[3] 郑保卫,李玉洁:《论新闻媒体在气候传播中的角色定位及策略方法——以哥本哈根气候大会报道为例》,《现代传播》(中国传媒大学学报),2010年第11期,第33—36页。

[4] 秦静:《国外纸媒涉华气候变化报道中的中国国家形象研究(2007—2017)》,华东师范大学。

[5] 李静:《谁的责任:中国媒体气候变化的责任归属话语研究——基于〈人民日报〉和〈南方都市报〉(2010—2018)的气候报道分析》,《中国地质大学学报》(社会科学版),2019年第19卷第5期,第116—125页。

域方面有所拓展,其研究对象包括责任归属[①]、话语建构[②]及话语比较,包括发达国家与发展中国家媒体有关气候责任的话语比较及中国与英美国家在该议题上的媒体话语比较。然而,当前研究仍然存在对象较为单一、聚焦发达国家的倾向,对于发展中国家间媒体的话语对比,以及中国与俄罗斯、澳大利亚、印度等能源生产或消费大国媒体气候责任话语的研究还未进行开拓。同时,这些研究仍是从传播学角度考察话语传播的内容及效果,对媒体话语的生成及其背后的社会和文化关系有待进一步探索。

(三)文化话语研究

当代话语研究理论主要从欧美的语言学、修辞学和传播学等社会科学发展而来[③],其思维方式、基本概念、理论方法、价值立场和问题导向都具有明显的西方价值倾向,无法客观反映"非西方"社会和民族的现实。有鉴于此,施旭提出了文化话语研究这种话语分析新模式,旨在打破交际学中的西方中心主义倾向,关怀本土现实需求。[④]

文化话语研究兴起于21世纪初,该理论认为文化具有实践和权力属性,并将话语界定为特定历史和文化关系中人们运用语言及其他手段和渠道所进行的具有某种目的和效果的社会交往活动,从而将话语研究从形式研究拓展为社会文化研究,并且打破批判话语分析的单一文化维度,容纳多元、开放的文化体系。在研究方法上,该理论较费尔克劳的三维分析法进一步加强了对语境、历史、文化的研究[⑤],提出了SIMPHC话语分析范畴,从主体、渠道、主题、目的/效果、文化关系、历史关系等六个维度对社会场景内的言语实践活动进行系统分析与评价。[⑥] 该理论秉承"根植本土,放眼全球"的原则,在国内企业话语研究和中外安全话语对比方面都取得了一定进

---

① Olausson U."Global Warming—Global Responsibility? Media Frames of Collective Action and Scientific Certainty".*Public Understanding of Science*,2009,18(4):421-436.
② Swarnakar P,Shukla R,Broadbent J."Beliefs and Networks: Mapping the Indian Climate Policy Discourse Surrounding the Paris Climate Change Conference in 2015".*Environmental Communication*,2022,16(2),pp.145-162.
③ 王彦,任欢:《文化话语研究视角下的非物质文化遗产国际传播——基于〈中国日报〉网站和"网络新闻语料库"的对比分析》,《外国语言与文化》,2023年第7卷第3期,第144—156页。
④ 施旭:《文化话语研究与中国实践》,《中国外语》,2018年第15卷第6期,第1,10—15页。
⑤ 施旭:《文化话语研究简介》,《中国外语》,2013年第3期,第20—22页。
⑥ 施旭:《文化话语研究与中国实践》,《中国外语》,2018年第15卷第6期,第1,10—15页。

展,对不同文化关系的话语研究具有重要启示意义。

中国和澳大利亚同属能源大国,面临着一定的气候风险,在制定减排目标、发展清洁能源、参与国际环境政策议程等气候适应行动中都发挥着重要作用,气候合作为改善中澳关系带来机遇。对两国媒体就气候责任的话语建构展开研究,有利于发现两国媒体在参与气候责任行动的方式、阐释气候责任的内涵、实现气候责任议题传播等方面的差异,从而有助于我国识别不同国家媒体议程设置途径。同时,研究还可促进我国媒体提升气候传播能力,对外进一步传播气候责任的中国理念和中国实践,对内改善气候责任的话语建构逻辑,帮助公众强化对气候责任的认知。

三、研究设计

（一）语料来源

研究以澳方媒体《澳大利亚人报》(*The Australian*)和中方媒体新华社英文版(Xinhua General News Service)的相关报道作为语料来源。《澳大利亚人报》是澳大利亚全国性英文日报,被认为是澳大利亚最具影响力的报纸,其报道内容覆盖国内国际问题。新华社是中国最负盛名的国际通讯社。本研究选取报道的起止时间为 2015 年 12 月 12 日至 2023 年 6 月 27 日。作者以"climate responsibility"为关键词在 LexisNexis 数据库进行检索,获得《澳大利亚人报》上的相关报道共 60 篇,新华社英文版的相关报道共 71 篇。

（二）研究方法与研究问题

研究基于 SIMPHC 话语分析范畴,试图探索以下问题:
① 中澳气候责任报道中的话语主体有何异同?
② 中澳气候责任报道中的传播目的有何异同?
③ 中澳气候责任报道中呈现的主题内容有何异同?
④ 中澳气候责任报道话语的差异反映了怎样的文化和历史关系?

为清晰划分文化话语分析的各类范畴,研究使用 Lexical Computing 公司研发的在线语料库查询系统 Sketch Engine 建立英文语料库,并结合该网站提供的文本分析工具 Word Sketch 进行文本分析。

四、研究发现

（一）话语主体分析：澳方多级主体，中方强调政府

经过研究和梳理语料库中引述动词"say"之前的主语，两国气候责任相关报道中排名前十的话语主体如表1所列。由于其中"MR""country""company"和"state"词义较为模糊，作者对其进行进一步探究，结果如表2和表3所列。

表1 中澳媒体气候责任相关报道的话语主体

The Australian	*Xinhua News*
Australia	China
MR	country
government	US
company	BRICKS
China	states
minister	president
party	state
sector	Xi
Morrison	party

表2 《澳大利亚人报》模糊词

MR	频次	Company	频次
政治家	140	能源企业	27
行业、组织企业负责人	25	企业归属	14
专家	2	企业规模	11

表3 新华社英文版模糊词

Country	频次	State	频次
发达国家、西方国家、工业化国家	49	国家	10
国际社会	28	地方	4
金砖国家、发展中国家	27		
中美	2		

数据表明,《澳大利亚人报》气候责任相关报道的话语主体包含国家/政府、社会/组织、个人三个层面。国家层面的话语主体为澳大利亚政府,但《澳大利亚人报》也十分关注中国参与气候变化的行动及承担的气候责任。中观层面的社会组织主要为澳大利亚国内的大型能源和科技企业,他们受到气候变化及气候政策的直接影响,是承担气候责任的重要力量。个人层面包括政治家、气候变化相关组织和行业负责人及专家学者等,其中政治家所占比重最大,显示出澳大利亚政府及党派十分重视气候问题,常就气候责任问题展开辩论与评价,通过媒体话语向公众传播其维护气候正义、承担气候责任的执政观念。

新华社英文版气候责任相关报道的话语主体聚焦宏观层面的国家和政府。除关注气候责任议题上的本国立场外,中国媒体也具有一定的国际视野,对金砖国家和美国等气候治理的重要力量也有较多呈现,此外还关注到了国际社会与小岛屿发展中国家(Small Island Developing States)在气候大会等国际平台中对气候责任的诉求,显示出对气候正义和大国责任的坚守。然而,与澳媒相比,中国媒体对中观层面和微观层面的话语表述相对较少。鉴于个体具有灵活性、多元性,中国媒体还可进一步拓展报道对象,多方面呈现各维度主体对气候责任的看法及行动。

（二）话语目的分析

新闻报道的传播目的是通过记者的报道意图及报道中言说主体的行为意图共同实现的,新闻语篇中的目的句式可以在一定程度上反映媒体及事件行为主体的传播目的。① 研究通过检索表示目的的不定式"to do"结构中的动词搭配,确定中澳媒体进行气候责任传播的目的结果如表4所列。由于助动词be存在一定的模糊性,研究进一步检索了be的右邻词,结果如表5、表6所示。

表4 中澳媒体气候责任相关报道的话语目的

The Australian	Xinhua News
be	be
do	take

---

① 王彦,任欢:《文化话语研究视角下的非物质文化遗产国际传播——基于〈中国日报〉网站和"网络新闻语料库"的对比分析》,《外国语言与文化》,2023年第7期,第144—156页。

表4(续)

The Australian	Xinhua News
reduce	work
make	address
take	tackle
ensure	make
have	build
get	strengthen
address	develop

表5 《澳大利亚人报》be 动词搭配

to be 右邻词搭配	频次
to be a	10
to be do	3
to be change	3
to be put	2
to be net	2
to be concerned	2
to be vaccinate	2
to be support	2
to be an	2
to be close	2

表6 新华社英文版 be 动词搭配

to be 右邻词搭配	频次
to be a	10
to be hold	2
to be different	2
to be well	1
to be done	1
to be highly	1

表6(续)

to be 右邻词搭配	频次
to be in	1
to be able	1
to be orient	1
to be adapt	1

以上数据显示,中澳媒体在气候责任报道上的传播目的有一定相似性,均强调应对气候变化的迅速行动,号召各级主体采取行动共担气候责任,以解决气候变化引发的风险和挑战。然而,在传播目的上仍存在一些差异。

《澳大利亚人报》的传播目的可概括为适应行动和节能减排,视角倾向于对内传播。报道中"reduce emissions""reduce carbon emission"等减排相关的词组出现频率较高,体现了该媒体强调承担气候责任的关键在于国内节能减排行动,这与澳大利亚在签订《巴黎协定》后作出积极的减排承诺相呼应。然而节能减排一直是澳大利亚国内的争议问题,《澳大利亚人报》也并非坚定的气候变化支持者。因此,《澳大利亚人报》虽然部分承接了政府承诺减排的政策议程,但也存在植入冲突、引发舆论[1],从而影响公众议程和政策议程的可能。

新华社英文版的传播目的可归纳为即刻行动、共担责任、改善机制,视角侧重国际传播。新华社英文版作为中国官方英文媒体,拥有传播国家声音、介绍中国立场、争取国际社会理解和支持的功能和使命[2],因此使用"take actions""address""tackle"等与化解气候风险相关的词汇体现中国积极采取措施减缓气候变化的决心;使用"work""strengthen"搭配"with""together""cooperation"等具有合作意义的词汇,展现中国在承担气候责任上落实"人类命运共同体"的理念;使用"build fair climate governance"传递中国政府共建公平合理、合作共赢的全球气候治理体系的诉求。

---

[1] 苏珊娜·普里斯特:《气候变化与传播:媒体、科学家与公众的应对策略》,杭州:浙江大学出版社,2019年。

[2] 郑保卫,杨柳:《从中外纸媒气候传播对比看我国媒体气候传播的功能与策略——以〈人民日报〉〈纽约时报〉〈卫报〉为例》,《当代传播》,2019年第6期,第23—28页。

（三）话语主题和内容：《澳大利亚人报》注重国内事务，新华社英文版强调国际责任

本部分重点考察中澳媒体在气候责任议题上话语主题和内容上存在的差异。研究将中澳媒体气候责任语料库进行相互参照，发现《澳大利亚人报》在气候责任议题上的话语主题呈现明显的国内化倾向（见图1），而新华社英文版报道倾向于展现国际视野，关注气候治理的国际合作、发展中国家的参与贡献（见图2）。

图1 参照新华社英文版的《澳大利人报》关键词和术语突现词云

图2 参照《澳大利亚人报》的新华社英文版关键词和术语突现词云

主题词或关键词（keywords）是指出现频率显著高于参照语料库中对应词的词汇，有助于辨析话语内容的主题特征。为进一步确定中澳媒体的话语主体，研究使用 Sketch Engine 的 keywords 功能进行检索，其中出现频率前九的关键词如表7所列。

表7　中澳媒体气候责任相关报道的关键词

The Australian	Xinhua News
climate change	climate change
emission	developing country
Morrison	Brics
Woodside	Paris Agreement
Albanese	International laws
Frydenberg	carbon neutrality
Wong	global climate
Greens	carbon emission
Paris Agreement	climate action

以上数据表明,《澳大利亚人报》和新华社英文版都将气候变化作为气候责任的基本出发点,强调在这一全球性风险下各主体持有气候责任的必然性和紧迫性;都使得碳排放(emission)这一全球变暖的直接原因与国家责任联系,呼吁各国履行减碳责任。但从提及频次来看,新华社英文版比《澳大利亚人报》更强调气候变化问题的影响。

从其他关键词来看,两国媒体关注的话语主题及内容显示出了较大差异。《澳大利亚人报》关键词显示,其关注的内容主要分为国内政治、企业责任和国际事务三类范畴,其中国内政治占比最大、涉及的话语主体最多,内容既包含澳大利亚前总理及现总理在气候责任问题上在国际国内场合的讲话、国内高级官员在气候政策及气候外交领域的阐释及行动,也包含不同政党就气候责任议题展开的政治辩论,尤其是高举气候变化大旗的澳大利亚工党和以绿色政治为诉求的澳大利亚绿党表达的政治关切。在企业责任范畴,报道内容主要是对伍德赛德石油有限公司等能源巨头、澳大利亚航空等能源消费企业承担气候责任情况的观察、分析及批评,情感趋于负面。在国际事务层面,报道除关注国际气候会议、《巴黎协定》及其影响之外,也通过气候外交相关报道将气候议题与国家安全议题相联系。尽管《澳大利亚人报》频频引述中方在气候外交上的表述,但与"China"搭配的多为"threat""mindboggling""hesitance""sink""exploit"等消极词汇,与被描述为"debt-free""competitive""ethic""participant""lead"形成对立关系,从而使得"中国威胁论"进一步衍生至"中国气候威胁论""中国能源威胁论"等。

报道关键词表明,新华社英文版的话语主题为全球气候责任的中国担当。从气候责任的行动来看,我国按照《巴黎协定》持续推进"碳达峰""碳中和"目标实现,积极采取相关行动;从气候责任的原因来看,我国主动承担气候责任的动因既包括本国人民的利益所需和生态文明思想的推动,也包含对全人类的长远利益和构建人类命运共同体的追求[①];从气候责任的主体来看,新华社英文版的报道将中国与金砖国家、发展中国家等主体并列,相关词汇多为"willing""ready""support""contribute""share""pledge""pragmatism"等积极词汇,而与美国等具有历史排放责任的发达国家和工业化国家搭配的动词多为"withdraw""manipulate""shirk""shorten"等消极词汇,既显示出新华社对发达国家采取气候责任转移、破坏全球气候治理多边合作机制[②]的谴责,又展现出中国逆流而上、积极维护全球气候治理体系的决心。

(四)话语文化和历史背景

上述分析表明,中澳媒体在气候议题上的话语存在相似性,然而在报道取向上具有明显差异。《澳大利亚人报》在气候责任报道中具有显著的国内指向,使用的话语主体、传播目的和话语主题都侧重于国内议程,尤其是政治议程,而在国际责任方面存在转嫁气候责任,将矛盾指向中国、印度等发展中国家的现象。新华社英文版则趋向于强调国际视野,以发展中国家及其政府为主体,以共担气候责任、呼吁国际参与为传播目的,在话语主题上服务中国应对气候变化的战略,也批评了一些发达国家在这一议题上"有组织地不负责任"。

文化话语研究理论认为话语浸润着文化特征,中澳媒体在气候责任议题上的话语特征在一定程度上反映着中澳媒体所处的文化语境和历史语境。两国媒体对气候变化和应对行动的频繁提及既受到了风险文化的影响,也源于本国历史中关注气候的传统。从文化维度来看,澳大利亚被认为是强不确定性规避的社会,其社会成员尤其是政府和媒体机构有着强烈的

---

① 李静:《谁的责任:中国媒体气候变化的责任归属话语研究——基于〈人民日报〉和〈南方都市报〉(2010—2018)的气候报道分析》,《中国地质大学学报》(社会科学版),2019年第19卷第5期,第116—125页。

② 张丽华,刘殿金:《责任转移视域下全球气候治理及中国的战略选择》,《理论探讨》,2020年第5期,第41—47页。

对危险的感知和较强的敏感性;从历史维度看,澳大利亚由于自身脆弱的生态环境一直受到环境灾难和极端天气的侵袭,而近年来气候变化加剧引发了持续高温、林火灾难和生物多样性减少等现象,澳大利亚民众更将气候变化视为首要威胁,影响了媒介议题选择,因此《澳大利亚人报》关注应对气候变化的各类行动。中国在不确定性指数中得分低于澳大利亚,但受到气候变化加剧的现实状况、中华传统文化中"居安思危"的精神传统及马克思主义经典作家和中国共产党几代领导人忧患意识的影响[①],中国政府将应对气候变化及其产生的风险放在重要位置。此外,远至原始社会时期的"占卜问天"和传统哲学中"天人合一"理念也证明中国人历来关注环境和气候问题。调查也显示,当前中国民众对气候变化的关心程度高、对气候政策支持力度强[②],因此作为连接政府和公众的纽带,新华社英文版十分强调气候变化的严峻性和适应行动的必要性。

中澳媒体的话语差异也受到文化差异和社会历史的影响。在话语主体上,两国媒体的选择一定程度上来源于文化维度中的权力距离差异和个人主义差异。文化维度量表将澳大利亚列为权力距离较低、个人主义指数较高的国家,具有上下级之间的感情距离较小、强调个人意志和对权力的挑战、重视个人的利益及主体性的特征,因此《澳大利亚人报》倾向于引用多级主体在气候责任议题上的表述。然而《澳大利亚人报》聚焦的主体也并未完全触及普通个体,仍然呈现了显著的精英视角。中国则被列为权力距离指数较高、偏向集体主义的国家,拥有注重等级秩序和社会环境的和谐、将整体利益放在首位、重视与内群体合作的性质,因此新华社英文版呈现的话语主体多为国家、政府和领导人等具有权威的行为主体,且强调国家及政府行为体之间的合作。

在传播目的和内容上,《澳大利亚人报》倾向于使气候责任国内化,存在引发争议的可能;而新华社英文版的话语实践则将气候责任国际化,呼吁共同行动和合理机制。从文化维度上看,澳大利亚属于低权力距离国家和短期倾向国家,这类国家重视经济效益与精英主义的价值观,媒体倾向于表现

---

① 柴秀波:《中国共产党的忧患意识:思想渊源、价值意蕴与强化路径》,《学习与探索》,2023年第3期,第47—52页。
② 王彬彬,顾秋宇:《中国公众气候认知与消费意愿的关系研究》,《中国人口·资源与环境》,2019年第9期,第41—50页。

冲突①，因而《澳大利亚人报》大量报道澳方政客、企业及行业负责人的态度和行动，同时表现各方在气候责任议题上的矛盾。中国不仅属于高权力距离国家，也被划入长期倾向国家，因而文化中强调社会秩序与规则、展现历史与持续努力，媒体更加重视事实、责任和道德②。这为新华社英文版突出气候责任的全球性、批评发达国家与发展中国家气候责任分配机制不完善提供了依据。

从历史维度上看，"后巴黎协定时代"澳大利亚复杂化和碎片化的气候传播内容是国内政治、化石能源利益集团、主流媒体共同作用的结果。首先，尽管《巴黎协定》后澳大利亚联邦政府设定了雄心勃勃的国家自主贡献目标，但是受到党派利益、经济利益和国际舆论等因素影响，2015—2023年三届政府推行的气候政策缺乏连续性，无法形成统一的政策议程设置，引导一致的媒体议程。其次，尽管澳大利亚国内尤其企业界对投资可再生能源项目表现出较高热情③，2015年来，国内可再生能源产量持续增长，但传统能源行业仍对澳大利亚经济发展起支撑作用，化石能源利益集团在政策制定、经济增长、社会就业等方面仍有巨大影响力，影响媒体处理经济发展和气候治理优先级别的方式。最后，媒体还可运用属性议程设置影响公众认知④。《澳大利亚人报》在气候变化和气候行动议题上长期保持消极态度，不仅在报道和专栏文章中提升气候变化怀疑论和否认论的比例，还在报道2019年爆发的"黑色夏天"林火灾难时淡化其影响⑤，引导舆论在气候行动和气候责任议题上产生分歧。而在这一历史时期，中国通过外交领域的行动和经济社会发展领域的行动践行气候行动战略，从而积极推动全球气候治理，引领绿色发展和低碳转型⑥。为提升全球气候治理话语权，中国气候

---

① 王重琪：《中西主流媒体对中国互联网企业报道框架比较研究》，暨南大学博士论文，2019年。
② 王重琪：《中西主流媒体对中国互联网企业报道框架比较研究》，暨南大学博士论文，2019年。
③ 赵斌：《"伞形国家"：全球气候治理的"麻烦制造者"》，《学术界》，2023年第4期，第185—197页。
④ 史安斌，王沛楠：《议程设置理论与研究50年：溯源·演进·前景》，《新闻与传播研究》，2017年第10期，第13—28页。
⑤ 侯冠华：《澳大利亚气候政策的调整及其影响》，《区域与全球发展》，2020年第5期，第116—133页。
⑥ 李慧明：《构建人类命运共同体背景下的全球气候治理新形势及中国的战略选择》，《国际关系研究》，2018年第4期，第3—20页。

传播需要积极进行对外传播,引导国际社会理解中国①,因此新华社英文版作为中国官方外宣平台十分注重国际视角,其报道展现"探索未来全球治理模式、推动建设人类命运共同体"的中国方案,同时呼吁优化全球气候治理机制,维护气候正义。

五、总结与讨论

本研究基于文化话语研究理论,结合定量和定性方法,对 2015 年 12 月—2023 年 6 月《澳大利亚人报》和新华社英文版气候责任相关报道展开话语分析,以期探讨中澳媒体在气候责任议题上的话语主体、话语目的、话语主题内容、话语文化历史关系的共性和差异。研究发现,两国媒体都十分强调气候变化的紧迫性和行动的必要性,这与两国文化中的风险意识、关心气候的历史传统、现实的公众关切存在关联。然而,两国媒体话语仍存在较大差异。在话语主体上,新华社英文版以国家和政府为主,而《澳大利亚人报》采用多级主体,强调不同社会角色的参与;在话语目的上,新华社英文版面向国际传播,展现中国承担国际责任的行动和诉求,而《澳大利亚人报》面向国内传播,既反映国内政策议程,也试图引发舆论分歧;在话语主题和内容上,新华社英文版强调气候责任需要发达国家与发展中国家共同承担、气候正义需要合理机制共同维护,而《澳大利亚人报》则倾向于将气候责任这一国际议题转为国内议题,并以此构建政治议程和国家安全议程。双方媒体话语的差异在一定程度上反映了两国在权力距离、长期倾向和个人主义指数等文化维度上的差异以及《巴黎协定》通过后两国政策议程与媒体议程的变化。

气候变化将是媒体在较长时间内不能忽视却又较难把握的报道领域②,如何在气候风险加剧、国际话语权争夺日趋激烈的情况下提升气候传播水平,对我国媒体构成了挑战。结合本研究统计结果,笔者认为我国媒体在坚守中国立场、关注国际责任的同时,也应丰富话语主体,从中观、微观层面展现不同社会成员承担气候责任的理念及方式,可将总体的"我们"细化

---

① 郑权,郑保卫:《碳中和目标下我国气候传播的理论基础、行动框架与创新路径》,《西南民族大学学报》(人文社会科学版),2023 年第 6 期,第 141—149 页。
② 郑保卫,杨柳:《从中外纸媒气候传播对比看我国媒体气候传播的功能与策略——以〈人民日报〉〈纽约时报〉〈卫报〉为例》,《当代传播》,2019 年第 6 期,第 23—28 页。

至本地语境下的"我",从而加深公众对气候责任的认知,激发公众的责任感[1];还可拓展话语主题和内容,兼顾整体行动与局部做法,深度挖掘我国气候贡献背后的中国故事,实现中国媒体话语的共情传播。

A Comparative Study of Media Discourse on Climate Responsibility in the Chinese and Australian Media

Abstract: In response to the global impact of climate change, countries around the world should proactively assume climate responsibilities. However, there are still differences in the current understanding and distribution of climate responsibilities among countries, and they have a detrimental impact on the maintenance of climate justice and global climate governance. Based on the theory of cultural discourse analysis, this paper examines climate responsibility-related reports from *The Australian* and Xinhua General News Service from December 2015 to June 2023. The paper finds that there are differences in the discourse subjects, discourse purposes, discourse themes, and contents. Xinhua General News Service focuses on national and governmental subjects, and it emphasizes international communication, international responsibility, and cooperation. While *The Australian* tends to use multi-level subjects, lean towards domestic communication, and focuses on domestic affairs. The commonalities and differences in the discourse of the two countries' media are influenced by cultural factors, and they also reflect the changes in the policy agendas and media agendas of the two countries after the adoption of the Paris Agreement.

Key Words: Climate Responsibility; Media Discourse; Cultural Discourse Studies

---

[1] 李静:《谁的责任:中国媒体气候变化的责任归属话语研究——基于〈人民日报〉和〈南方都市报〉(2010-2018)的气候报道分析》,《中国地质大学学报》(社会科学版),2019年第5期,第116—125页。

作者简介

陆惟谊 中国矿业大学外国语言文化学院国别与区域研究专业2022级硕士研究生。

能源转型背景下的澳大利亚氢能产业探析

唐 杰

摘要：能源转型背景下，氢能不仅被视为脱碳减排的理想可再生能源，而且可能将重塑未来世界能源格局。基于氢能在解决能源安全、经济发展和环境可持续三者关系的独特优势，澳大利亚积极利用资源禀赋、产业环境和市场网络的有利条件，从顶层设计、项目示范、市场导向和国际合作四方面主动布局氢能战略，期望到2030年建立一个清洁、创新、安全和有竞争力的氢能产业，成为世界主要清洁氢能供应国家。需要注意的是在产业发展的早期阶段，澳大利亚氢能产业仍然面临成本高企、行业标准、投资意愿和市场竞争等问题和挑战。作为能源出口大国的澳大利亚在氢能产业领域的战略雄心能否实现，仍然面临一些不确定性因素。

关键字：能源转型；澳大利亚；氢能产业；氢能战略

一、引言

在全球气候变化背景下，能源领域的碳排放是引起温室效应的罪魁祸首。根据国际能源署（IEA）2021年的报告，能源领域的碳排放占全球碳排放的四分之三。① 因此，加快世界能源转型升级是解决全球碳排放的重要

---

① International Energy Agency. "World Energy Outlook 2021". https://iea.blob.core.windows.net/assets/4ed140c1-c3f3-4fd9-acae-789a4e14a23c/WorldEnergyOutlook2021.pdf.

措施和渠道。氢能作为清洁、高效和可持续的能源载体,是一种非常理想的脱碳减排可再生能源,甚至被认为是最有希望取代传统化石燃料的能源载体,众多科学家将它视为"21世纪终极能源"。作为具有颠覆性意义的清洁能源,氢能不仅在实现净零排放目标方面具有核心作用,而且有可能改变未来全球能源地缘政治格局,重塑国家间能源外交关系。2022年,国际可再生能源署(IRENA)发布《能源变革的地缘政治:氢能因素》报告,认为全球氢能经济的快速增长可能引发重大的地缘经济和地缘政治转变,给全球贸易和双边能源关系带来变数。①

作为资源禀赋优异和能源工业基础雄厚的国家,澳大利亚是世界上少数最具氢能发展潜力的国家之一。根据研究报告,从乐观角度估算,到2040年,澳大利亚将向全球出口超过300万吨氢能,直接产值将达100亿美元。当前,氢能虽然处在产业发展的早期阶段,进入成熟商业开发还需突破成本、安全等重重障碍,但是鉴于氢能的零碳减排特质和巨大的发展潜力,澳大利亚雄心勃勃地积极布局氢能战略,调动各方优势资源谋划氢能战略布局。根据2019年澳大利亚公布的《国家氢能战略》,到2030年,澳大利亚将建立一个清洁、创新、安全和有竞争力的氢能产业,成为世界主要氢能供应国家。在能源转型背景下,研究澳大利亚发展氢能产业的内驱动力、发展条件、路径选择以及现实困境,对把握其氢能产业发展规律和了解其能源市场发展趋势具有重要的现实意义。

一、破解能源转型困局:澳大利亚发展氢能的内驱动力

谁能掌握可再生能源,谁就能主导未来世界能源格局,这已然成为当今各国能源战略共识。同其他可再生能源相比,氢能在化解能源安全、经济发展和环境可持续三者关系困境方面具有很大的潜力,这为在气候变化困扰之下的澳大利亚找到了一条破解能源转型困局的新路径,进而增强其坚定发展氢能产业的内驱动力。

(一)能源安全方面

在能源安全方面,氢能将是优化澳大利亚能源结构的重要补充,能够有

---

① International Renewable Energy Agency(IRENA). "Geopolitics of the Energy Transformation:The Hydrogen Factor",2022. https://irena.org/-/media/Files/IRENA/Agency/Publication/2022/Jan/IRENA_Geopolitics_Hydrogen_2022.pdf.

效增强能源弹性。

目前,虽然能源安全概念没有统一标准,但更多的是从能源供应的可获得性、负担性和稳定性来理解。从澳大利亚能源消费结构上看,2021年,化石燃料(煤炭、石油和天然气)占澳大利亚一次能源结构的92%,其中石油占36.2%、煤炭占28.7%、天然气占27.1%,而可再生能源仅占8%。① 电力部门是能源消耗的主要部门。2022年,化石燃料来源占澳大利亚总发电量的68%,可再生能源占32%,其中太阳能占14%,风能占11%,水能占6%。② 在能源转型过程中,化石能源比重逐渐降低,可再生能源则进一步提高,最终形成以电网为主的能源网络新结构。由于太阳能和风能等可再生能源具有季节性和可变性特点,容易对能源网络构成挑战和冲击。氢能作为理想的清洁能源可以弥补能源安全漏洞,增强能源弹性。从可获得性角度看,地广人稀且资源丰富的澳大利亚是获取氢能的理想场所。从负担性角度看,随着技术进步和商业开发经验的积累,氢能生产价格逐渐降低,届时将与其他可再生能源和传统能源在生产成本上相媲美。从能源稳定角度看,一方面,氢能可以支持电网的安全性和可靠性。多余的可再生能源可以生产氢能并将其储存起来。一旦电网出现不稳定状态时,氢能可用于发电来应对电网的输出变化,保障电网系统的稳定和安全。另一方面,氢能在提高液体燃料安全性方面具有很大潜力。氢气可为长途汽车、船舶和飞机等运输工具提供动力,进而减少对进口液体燃料的依赖并降低供应中断的风险。由此可见,氢能可以成为连接气、电、热等不同能源形式的桥梁,并与电力系统互补协同,是跨能源网络协同优化的理想互联媒介,有效解决电力不易长期储存问题,增加电力系统灵活性,实现不同能源网络之间的协同优化,形成可持续、高弹性的创新型多能互补系统。③

---

① Department of Climate Change, Energy, the Environment and Water. "Energy Consumption". https://www.energy.gov.au/data/energy-consumption.

② Department of Industry, Science, Energy and Resources. "Australian Energy Statistics, Table O Electricity Generation by Fuel Type 2021-22 and 2022", June 15, 2023. https://www.energy.gov.au/publications/australian-energy-statistics-table-o-electricity-generation-fuel-type-2021-22-and-2022.

③ 中国国际经济交流中心课题组:《中国氢能产业政策研究》,北京:社会科学文献出版社,2020年。

（二）经济发展方面

在经济发展方面，氢能将是推动澳大利亚经济增长的重要支撑，能够有效增强澳大利亚经济发展韧性。

能源产品是澳大利亚经济发展的重要组成部分。根据 2021 年 11 月澳大利亚统计局（ABS）公布的 2019—2020 财年数据显示，按购买者价格计算，能源价值达 2 635.11 亿美元，国内用能 1 474.48 亿美元，约占 56%；能源出口创收 1 160.63 亿美元，约占 44%，其中出口煤炭 548.78 亿美元，天然气 495.97 亿美元。① 由此可见，国内用能和能源出口是保障澳大利亚经济发展的重要力量。在气候变化和能源转型背景下，高碳化石燃料将逐步降低所占比重，以氢能为代表的低碳可再生能源将会成为推动澳大利亚经济增长的重要支撑。据乐观估计，如果全球氢能市场发展较快，到 2050 年，氢能产业将为澳大利亚提供 17 000 个工作岗位，实现 260 亿美元 GDP。② 因而，从中长期来看，氢能产业将在优化澳大利亚经济结构中扮演重要作用，进而增强经济发展韧性。

（三）环境可持续方面

在环境可持续方面，氢能将是实现澳大利亚脱碳减排的重要保障，能够有效增强环境复原力。

澳大利亚特殊的地理、气候和自然条件决定了它对自然环境与气候变化等问题的高度敏感性和脆弱性。作为已完成工业化的发达国家，澳大利亚是世界上"碳排放"主要国家之一。就历史累计数据来看，根据碳简报（Carbon Brief）分析，自 1850 年以来，澳大利亚的二氧化碳排放量已经累计达 350 亿吨，全球排名第 13 位。③ 就当前数据来看，根据 2022 年 12 月澳大利亚国家温室气体清单季度报告数据显示，过去一年澳大利亚温室气体总

---

① Australian Bureau of Statistics. "Energy Account, Australia, 2019-20 Financial Year", November 24, 2021. https://www.abs.gov.au/statistics/industry/energy/energy-account-australia/latest-release.

② COAG Energy Council Hydrogen Working Group. "Australia's National Hydrogen Strategy", 2019, p. 22. https://www.industry.gov.au/sites/default/files/2019-11/australias-national-hydrogen-strategy.pdf.

③ Simon Evans. "Analysis: Which Countries Are Historically Responsible for Climate Change?". *CarbonBrief*, October 5, 2021. https://www.carbonbrief.org/analysis-which-countries-are-historically-responsible-for-climate-change/.

共排放 4.639 亿吨,其中人均碳排放量为 17.8 吨,占据世界人均排放前列名单。[1] 长期以来,澳大利亚在国际气候变化问题上消极的减排承诺备受国际社会批评。2022 年,澳大利亚在气候变化绩效指数(CCPI)[2]排名中几乎垫底,从 2021 年第 54 位降至第 59 位。当前,澳大利亚的温室气体排放主要来自能源和运输部门,这些领域也是最难以减排的行业。鉴于氢能零排放特性,它有望成为难以减排行业脱碳的主要途径。因此在脱碳减排和能源转型过程中,氢能能够替代其他高碳化石燃料,有效缓解难以减排行业的碳排放,同时氢能还可广泛应用到发电、工业、建筑等其他领域,进一步助力澳大利亚的国际气候承诺,回应国内可持续发展的环保呼声。因此,氢能对增强澳大利亚环境的复原力和适应性具有重要作用。

三、蕴藏巨大发展潜能:澳大利亚布局氢能的有利条件

区别于传统化石能源空间分布集中的特点,氢以能源载体的形式广泛分布在宇宙空间,但开发氢能是一个系统工程,有赖于一个国家的资源禀赋、科研水平、产业环境和市场供需等因素,进而影响各国在全球氢能产业布局的地位。相比其他国家而言,澳大利亚政府制定雄心勃勃的国家氢能战略的底气主要来自其在资源禀赋、产业环境和能源市场上的明显优势。

(一)自然资源禀赋优异,生产潜力巨大

根据不同的制氢方式,从短期来看,化石燃料能源是制氢的主要来源;

---

[1] Department of Industry, Science, Energy and Resources."National Greenhouse Gas Inventory Quarterly Update: December 2022". https://www.dcceew.gov.au/sites/default/files/documents/nggi-quarterly-update-dec-2022.pdf.

[2] 气候变化绩效指数(Climate Change Performance Index ,CCPI)是在 2005 年蒙特利尔第 11 届缔约方气候变化会议(COP 11)上首次提出,是跟踪各国气候保护绩效的独立监测工具,它提高了国家和国际气候政策的透明度,并能够比较各国在气候保护方面的努力和进展。当前,由新气候研究所(New Climate Institute)、气候行动网络(The Climate Action Network)、德国观察(Germanwatch)三大研究机构联合发布,评估了约 60 个国家和地区,它们的温室气体排放占到全球 90%以上。评估标准主要着眼于四个类别,分别是:温室气体排放(占总分的 40%)、可再生能源(20%)、能源使用(20%)和气候政策(20%)。

从中长期来看,可再生能源将是制氢的主流。①地广人稀的澳大利亚蕴藏丰富的自然资源,完全可以满足制氢的原料需求。

从化石燃料来看,煤炭和天然气是生产灰氢或蓝氢的主要原料。从煤炭资源来看,煤炭是澳大利亚最大的能源资源。2021年,以经济示范资源(EDR)为标准,澳大利亚蕴藏890.12亿吨黑煤和812.34亿吨褐煤,两者储量总和仅次于美国和俄罗斯。同时,澳大利亚是世界第五大煤炭生产国和第二大煤炭出口国。从天然气资源来看,澳大利亚拥有大量的常规和非常规天然气资源。2021年,澳大利亚是世界第七大天然气生产国。2021—2022年,澳大利亚出口8 320万吨液化天然气,超过卡塔尔成为世界上最大的液化天然气出口国。除此之外,丰富的铀矿资源也能成为澳大利亚未来制氢的潜在能源。

从可再生资源来看,太阳能、水能和风能为生产绿氢提供清洁电能。根据太阳能、风能和水力资源的质量,澳大利亚地理科学部估计大约11%的国土(872 760平方公里)非常适合发展氢能生产。澳大利亚的太阳能和风能资源规模要比其煤炭、天然气、石油和铀的资源总和大75%。② 从太阳能资源来看,澳大利亚基本上处于低纬度、中纬度地带,南回归线横穿大陆中部稍北的位置,致使其大部分地区太阳高度角大,日照时间长。③ 尤其在澳大利亚北部、西部和内陆地区太阳能资源更丰富。据估算,澳大利亚每年平均收到5 800万皮焦耳(PJ)的太阳辐射,约为全国总能源消耗的一万倍。换句话说,只要实现收集万分之一的太阳能,就可以供全国用电。从水力资源来看,澳大利亚水资源总量为3 430亿立方米。按联合国可持续发展委员会对世界153个国家和地区的统计,澳大利亚以人均水资源量1.7万立方

---

① 在制氢工艺方面,主要有三种方式:第一种是电解制氢,使用可再生能源分解水,产生氧气和氢气。迄今为止,碱性电解槽(AE)已成为商业上最成熟的电化学制氢方法。预计质子交换膜(PEM)电解槽将在不久后与碱性技术竞争。第二种是煤炭气化,通过煤粉与蒸汽在高温下反应产生氢气。第三种是蒸汽甲烷重整(SMR),甲烷在高温(700~1 000 ℃)下与蒸汽反应,产生氢气、一氧化碳和少量二氧化碳。一氧化碳和蒸汽在催化剂存在下进一步反应,产生更多的氢气和二氧化碳。第一种方法生产绿氢,第二和第三种方法如用碳捕技术(CCUS)则生产蓝氢,否则就是灰氢。
② 王永中:《全球能源格局发展趋势与中国能源安全》,《学术前沿》,2022年第13期。
③ 金太军:《当代各国政治体制:澳大利亚》,兰州:兰州大学出版社,1998年。

米位居前50名,是水资源相对丰裕的国家。① 尤其是塔斯马尼亚州、维多利亚州和新南威尔士州拥有丰富的水力发电资源。塔斯马尼亚州虽然不到澳大利亚陆地面积的1%,但它拥有澳大利亚12%的淡水资源。② 随着技术的不断发展,海水淡化和污水再处理等水资源也可成为制氢原料。2021年澳大利亚水资源服务协会(WSAA)发布研究报告认为,为了解决用水问题,污水厂可以利用反渗透技术将污水净化到制氢用水的水平,进而实现污水与制氢之间的共生关系。③ 从风能资源来看,西澳、南澳、维多利亚州、塔斯马尼亚州以及新南威尔士州和昆士兰州的高地地区都拥有良好的风能资源。在澳大利亚南部海岸沿线离地面50米处,数百个站点的平均风速超过8—9米/秒。澳大利亚的风力发电场的容量系数高达30%—35%。根据权威能源咨询机构伍德麦肯齐(Wood Mackenzie)对2019年至2028年间新增风电装机总量的预测,澳大利亚排全球第12名,预计十年间累计装机11.5吉瓦(GW)。④ 中国电力网《2021年全球风电场报告》显示,目前全球装机容量大于250兆瓦的陆地风电场有85个在运行,其中6个在澳大利亚。⑤ 除此之外,澳大利亚土地利用强度低、人口密度低、碳储潜力大,是发展大规模氢能的理想地点。根据国际能源署(IEA)预测,澳大利亚通过利用沿海地区的太阳能和风能,能够生产大约1亿吨石油当量的氢能。⑥

---

① 国际社会认为,如果一个国家所拥有的可更新的淡水供应量在每人每年1700立方米以下,那么这个国家就会定期或经常处于少水状况,被定义为水资源紧迫;如果每人每年供应量在1000立方米以下,那就会感到水紧缺,被定义为水资源缺乏。

② Bureau of Meteorology."Australian Water Resources Assessment 2012:Tasmania",2013, p.4.https://www.bom.gov.au/water/awra/2012/documents/tasmania-lr.pdf.

③ Water Services Association of Australia (WSAA) , "Water Fuelling the Path to a Hydrogen Future", November 2021. https://www.wsaa.asn.au/sites/default/files/publication/download/Water%20fueling%20the%20path%20to%20a%20hydrogen%20future%20Nov%202021.pdf

④ 《南半球最大潜力市场:澳大利亚风能行业概览》,北极星风力发电网,2019年12月2日。https://news.bjx.com.cn/html/20191202/1025067.shtml

⑤ 《2021年全球风电场报告》,中国电力网,2021年12月9日。http://mm.chinapower.com.cn/zx/zxbg/20211209/121804.html

⑥ International Energy Agency(IEA)."World Energy Outlook 2018", p.412.https://www.iea.org/reports/world-energy-outlook-2018.

(二) 良好的产业发展环境,多重有利因素支撑

新产业发展离不开良好的产业发展环境,这需要政策法规、投资环境、基础设施、科学研究、社会认知等一系列有利因素的支撑。

在政策法规上,一方面,澳大利亚拥有比较稳定的政治环境和完善的法律制度,为产业发展提供了比较稳定的政策预期;另一方面,近年来,联邦政府和地方政府着眼世界氢能发展大势,纷纷制定氢能发展战略和计划(见表1),鼓励和引导氢能产业创新和发展。以联邦政府2019年发布的《国家氢能战略》为例,经过前期大量调研和论证后,该战略从监管、税收、技术、国际合作等各个维度提出了57条具体行动举措,并从投资、项目规模、成本竞争力、出口等维度提出了15条效果评价标准,为澳大利亚充分挖掘绿氢潜力指明了中长期发展方向,并力争到2030年实现绿氢出口商业化。

表1 澳大利亚联邦政府和地方政府氢能战略

序号	政府层级	发布时间	文件名称	主要内容
1	联邦中央政府	2019年11月	《国家氢能战略》	该战略涉及57项联合行动,主要内容有:国家协调、发展以当地需求为支撑的产能,响应式监管,国际参与,创新与研发,技能和劳动力,社区信心;氢气与出口、运输,工业使用,天然气网络,电力系统以及安全,技能和环境影响;消除市场壁垒,建立有效供需和加速澳大利亚氢能行业的全球成本竞争力;创建氢枢纽和大规模技术集群
2	昆士兰州	2019年5月	《2019—2024年昆士兰州氢能产业战略》	该战略的重点是支持创新、促进私营部门投资、确保有效的政策框架、建立社区意识和信心、促进新技术的技能发展。同时还包括一项1 500万澳元的行业发展基金,用于支持昆士兰州的氢能项目

表1(续)

序号	政府层级	发布时间	文件名称	主要内容
3	西澳大利亚	2019年7月	《西澳大利亚可再生氢战略》	该战略重点领域有:出口、远程应用程序、天然气管网中的氢气混合、运输。同时西澳大利亚州政府准备投资2 800万澳元,以推动西澳大利亚州可再生氢工业的发展
4	维多利亚州	2021年3月	《可再生氢产业发展计划》	该战略为维多利亚州成为能源超级基地和快速发展可再生氢产业提供了蓝图
5	南澳大利亚	2019年9月	《氢能行动计划》	该计划在5个关键领域提出了20项行动,以帮助扩大可再生氢生产,用于出口和国内消费。五大领域分别为:① 促进对氢基础设施的投资;② 建立世界级的监管框架;③ 深化贸易关系和供应能力;④ 促进创新和劳动力技能发展;⑤ 将氢整合到我们的能源系统中
6	塔斯马尼亚	2020年3月	《可再生氢行动计划》	该计划概述了在塔斯马尼亚州发展可再生氢工业的愿景和一系列行动。计划包括提供5 000万美元的资金,以鼓励对氢能行业的投资。愿景是让塔斯马尼亚州从2030年起成为大规模可再生氢气生产的领导者,并成为全球可再生氢气的重要供应商
7	北领地	2020年7月	《可再生氢战略》	该战略提出了一项五点行动计划,涉及当地产业发展、资源管理、不断增长的和利用需求、支持创新、响应式监管等
8	新南威尔士	2021年10月	《氢能新战略》	该战略提供了按部门划分的60项详细行动清单,明确三大支柱:氢能行业发展、奠定行业基础和推动快速规模化。同时为"氢能枢纽"提供7 000万美元的资金,可以在特殊激活区(SAPs)和可再生能源区(REZ)开发其他氢枢纽,以利用各种网络,包括货运、物流、农业和制造业

表1(续)

序号	政府层级	发布时间	文件名称	主要内容
9	首都地区	2019年9月	没有指定具体的氢能战略,但是氢能发展理念存在于其他发展战略之中,如《ACT气候变化战略2019—2025》	这是一项天然气过渡计划。计划在2045年前,用氢气等绿色能源替代方案帮助实现天然气使用的零排放。愿景是到2025年将碳排放量减少50%—60%(低于1990年的水平),到2045年实现净零排放

在投资环境上,过去几十年,澳大利亚经济一直有着良好的表现。2022年,澳大利亚跻身世界第十二大经济体,同时也是世界上仅有的九个获得三大信用评级机构AAA评级的国家之一。根据联合国贸易和发展会议2023年《世界投资报告》显示,2022年澳大利亚吸引外国直接投资620亿美元,位居全球第6名。这表明澳大利亚是外国投资者比较热捧的投资国家。①矿产能源行业是澳大利亚吸引外国投资的主要领域。一些跨国能源集团乐于在澳大利亚布局氢能产业作为公司未来业务发展的战略方向。例如,福特斯克金属集团(FMG)是澳大利亚主要的铁矿石出口商和全球铁矿石巨头,在亚太地区占有重要地位,其全资清洁能源子公司Fortescue Future Industries(FFI)致力于通过绿氢和绿氨的生产、基础设施的开发及相关投资机会,使可再生绿氢成为全球交易量最大的海运能源商品。②

在基础设施上,澳大利亚拥有相对完善的能源运输、碳储存、港口转运等基础设施,只要稍加升级改造就可以用于氢能产业,大大降低新产业的投资成本。在能源运输方面,以管道为例,澳大利亚拥有38 000公里的天然气输送和88 000公里的输配管道,为430万户家庭和130 000家企业提供

---

① United Nations Conference on Trade And Development(UNCTAD)."World Investment Report 2023", Jul 5, 2023, p.8.https://unctad.org/system/files/official-document/wir2023_en.pdf.

② 博鳌亚洲论坛:《可持续发展的亚洲与世界2022年度报告——绿色转型亚洲在行动》。https://www.boaoforum.org/newsdetial.html?itemId=2&navID=6&itemChildId=undefined&detialId=15118&pdfPid=520.

服务。① 当前,澳大利亚政府正在修改相关法案,准备按照10%的安全比例向民用天然气网络混入氢气,最终建设完全民用的氢气网络。在碳储存方面,澳大利亚具有巨大的二氧化碳地质封存潜力。早在2009年澳大利亚碳储存工作组发布了国家碳测绘和基础设施计划,确定了潜在存储盆地、指示性存储容量。在工业港口方面,澳大利亚沿海岸线拥有主要港口出口资源商品,其中许多港口拥有液化天然气基础设施。这些港口非常适合并支持大规模扩大出口和国内使用的氢气生产。因此,工业港口可以成为扩大清洁氢气使用的神经中枢。

在科研实力上,澳大利亚具有发达的高等教育体系,为氢能的科学研究储备了一批高素质人力资源。根据2017年世界经济论坛发布的《全球竞争力报告》,澳大利亚在全球140个国家和地区中,全球竞争力指数(GCI)综合排名靠前,尤其在高等教育和培训方面表现优异,排名第10位。② 从科研团队来看,在政府政策引导和资金支持下,澳大利亚逐渐形成一批以大学和科研机构为主的氢能研究团队。例如,2018年,澳大利亚可再生能源署(ARENA)宣布将16个氢能研究项目交由9所澳大利亚大学和研究机构的研究团队承担。③ 从科研论文来看,全球氢能研究论文从2001年的1 700篇增长至2018年的11 500篇。同期,澳大利亚氢能研究论文在全球占比从1.5%增长至3%。全球规范引文影响力排名(NCI)显示,澳大利亚在氢能生产、储存和使用领域发表的论文影响力分别排名为第三、第一和第一,这足以证明澳大利亚氢能研究成果的实力。在国际科研合作领域,2014—

---

① COAG Energy Council Hydrogen Working Group."Australian Hydrogen Hubs Study",November 2019,p.14.https://www.industry.gov.au/sites/default/files/2021-09/nhs-australian-hydrogen-hubs-study-report-2019.pdf.

② World Economic Forum."The Global Competitiveness Report 2017—2018",2017,p.372. https://www3.weforum.org/docs/GCR2017-2018/05FullReport/TheGlobalCompetitivenessReport2017%E2%80%932018.pdf.

③ 2017年12月,澳大利亚可再生能源署(ARENA)宣布将资金转向氢能研发,重点是加速开发基于氢气的潜在可再生能源出口供应链。2018年,ARENA宣布为16个氢能研究项目投资2210万美元。这些项目旨在通过创新的颠覆性技术开发来降低成本和提高效率,以实现政府将制氢成本降至2美元以下的目标,并发展基于氢气的出口供应链。这笔资金已提供给来自9所澳大利亚大学和研究机构的研究团队,包括澳大利亚国立大学(3个项目)、麦考瑞大学(1个项目)、莫纳什大学(2个项目)、昆士兰科技大学(1个项目)、墨尔本皇家理工大学(1个项目)、墨尔本大学(1个项目)、新南威尔士大学(2个项目)、西澳大利亚大学(1个项目)和英联邦科学与工业研究组织(CSIRO)(4个项目)。

2018年，澳大利亚与世界主要五大氢能国家（中国、美国、日本、德国和英国）保持了积极的科研合作关系，62%的澳大利亚科研论文都与这些国家有合作关系。① 从科研技术来看，相比于其他氢能发展大国和强国而言，澳大利亚虽然处于全球氢能技术发展第二梯队，但是其非常重视技术领域的投入，希望通过创新的颠覆性技术开发来降低成本和提高效率。2022年初，澳大利亚可再生能源署赞助的科技公司Hysata宣布已经开发出一种突破性的氢电解槽，将制氢成本降至2澳元每公斤之内。②

在社会认知上，为加强公众对氢能的认识，提升社会民众的认可和接受度，澳大利亚政府注意在安全、环保和效益三方面做了重点宣传。根据2018年澳大利亚可再生能源署联合昆士兰大学发布的《澳大利亚公众对氢能源的看法》报告，发现虽然大部分澳大利亚人对氢气持中立态度，但他们希望澳大利亚氢产业的发展能够通过新的项目和就业机会为澳大利亚社区带来额外利益，同时他们认为出口不应损害国内使用机会。③ 2021年，澳大利亚未来燃料合作研究中心发布《氢能的公众认知》报告，研究结论显示，人们对氢的认识和支持程度越来越高。受访者同意将氢作为一种潜在的未来能源来满足澳大利亚的能源需求。④ 与此同时，研究发现，澳大利亚民众对内需和出口氢能的关注点不一样，对内需而言，主要受相对成本、排污能力和健康因素影响；对出口而言，对政府管控相关风险的信任程度和行业对气候保护的承诺影响民众的支持度。⑤ 总的来看，发展清洁环保氢能在澳大利亚具有较好的社会民众认同基础。

---

① CSIRO."Hydrogen Research Development and Demonstration：Priorities and Opportunities for Australia"，December 2019，p.11.https：//www.csiro.au/en/work-with-us/services/consultancy-strategic-advice-services/csiro-futures/energy-and-resources/hydrogen-research-and-development.

② "Rewired：Game-changing Electrolysers with Hysata's Paul Barrett"，*Arenawire*，June 16，2022.https：//arena.gov.au/blog/rewired-game-changing-electrolysers-with-hysatas-paul-barrett/

③ University of Queensland."The Australian Public's Perception of Hydrogen for Energy"，December 2018，p.10.https：//arena.gov.au/knowledge-bank/the-australian-publics-perception-of-hydrogen-for-energy/.

④ Future Fuels CRC."Public Perceptions of Hydrogen：2021 National Survey Results"，July 1，2021，p.9.https：//espace.library.uq.edu.au/view/UQ：f25a2cc.

⑤ Lina Lopez Lozano，Bishal Bharadwaj，Alain de Sales."Societal Acceptance of Hydrogen for Domestic and Export Applications in Australia"，*International Journal of Hydrogen Energy*，Volume 47，Issue 67，p.1，August 5 2022.

(三) 邻近亚太消费市场,贸易网络紧密

亚太地区是世界经济发展最具活力和发展潜力的地区,能源需求旺盛。面对能源消费巨大的亚太市场,澳大利亚有以下两大优势:

一是贸易联系紧密,交易成本低。亚太地区是澳大利亚的主要贸易对象。据2021年澳大利亚国家统计局数据显示,澳大利亚前十大贸易伙伴除美国外,其他都来自亚太国家,其中,中国、日本、韩国和新加坡分别占其出口总量的38.6%、13.62%、7.7%和3.37%。[1] 作为世界上比较活跃经济体,澳大利亚构建了一系列自由贸易网络,大部分集中在亚太地区。目前澳大利亚与十几个国家和地区的贸易协定已经签署生效(见表2)。双边及多边自由贸易协定进一步降低了澳大利亚参与国际贸易的交易成本。以《日澳经济伙伴关系协定》(JAEPA)为例,到2024年,日澳间所有的能源和矿产产品将全部免税。此外,相比于欧洲等能源消费市场,澳大利亚离亚洲市场的海运路线最短,运输成本相对较低,因而从整体上也降低了能源供应链的交易成本。

表2 澳大利亚对外自由贸易协定情况表

序号	签署对象	协议名称	生效状态及时间	备注
1	新西兰	澳大利亚—新西兰更紧密的经济关系和贸易协定(ANZCERTA)	1983年1月1日	生效
2	新加坡	新加坡—澳大利亚自由贸易协定(SAFTA)	2003年7月28日	生效
3	美国	澳大利亚—美国自由贸易协定(AUSFTA)	2005年1月1日	生效
4	泰国	泰国—澳大利亚自由贸易协定(TAFTA)	2005年1月1日	生效
5	智利	澳大利亚—智利自由贸易协定(ACLFTA)	2009年3月6日	生效
6	马来西亚	马来西亚—澳大利亚自由贸易协定(MAFTA)	2013年1月1日	生效

---

[1] 《2021年澳大利亚前十大贸易伙伴货物进出口情况简表》(中国驻布里斯班总领馆经商室制作)。http://images.mofcom.gov.cn/brisbane/202203/20220315160454808.pdf.

表2（续）

序号	签署对象	协议名称	生效状态及时间	备注
7	韩国	韩澳自由贸易协定（KAFTA）	2014年12月12日	生效
8	日本	日澳经济伙伴关系协定（JAEPA）	2015年1月15日	生效
9	中国	中澳自由贸易协定（CHAFTA）	2015年12月20日	生效
10	中国香港	澳大利亚—香港（A-HKFIA）	2020年1月17日	生效
11	印度尼西亚	印度尼西亚—澳大利亚全面经济伙伴关系协定（IA-CEPA）	2020年7月5日	生效
12	东盟国家	东盟—澳大利亚—新西兰自由贸易协定（AANZFTA）	2010年1月1日	生效
13	环太平洋国家	跨太平洋伙伴关系全面进步协定（CPTTP）	2018年12月30日	生效（11个成员国）
14	南太国家	太平洋更紧密经济关系协定（升级版）（PACER Plus）	2020年12月13日	生效（11个成员国）
15	亚太国家	区域全面经济伙伴关系协定（RCEP）	2022年1月1日	生效（15个成员国）
16	印度	澳大利亚—印度经济合作与贸易协定（AI-ECTA）	2022年12月29日	生效
17	英国	澳大利亚—英国自由贸易协定（A-UKFTA）	2023年5月31日	生效
18	欧盟	澳大利亚—欧盟自由贸易协定（A-EU FTA）	正在谈判中	
19	阿联酋	澳大利亚—阿联酋全面经济伙伴关系协定（A-UAECEPA）	正在谈判中	
20	海湾国家	澳大利亚—海湾合作委员会自由贸易协定（GCC-Australia FTA）	正在谈判中	巴林科威特、阿曼、卡塔尔、沙特阿拉伯和阿拉伯联合酋长国
21	印度	澳印全面经济合作协议（AI-CECA）	正在谈判中	

资料来源：https://www.dfat.gov.au/trade/agreements/trade-agreements.

二是消费市场大,出口潜力高。在国际气候变化和能源转型背景下,中国、日本、韩国和新加坡都制定了脱碳减排计划,积极调整能源结构,增加可再生能源的消费比例。清洁氢是四国重点发展的脱碳能源,但四国不能单独生产足够的氢能满足国内需求,因此还需大量依赖进口。2018 年 ACIL Allen 咨询公司发布的《氢能出口是澳大利亚的机会》报告认为,基于三种不同情景氢能需求预测,除四国自己生产和其他渠道进口外,中国、日本、韩国和新加坡还需分别从澳大利亚进口氢气达到各自总需求的 5%、21%、11%和 11%。[①] 东南亚和东亚经济研究所(ERIA)预测,澳大利亚有望成为东亚地区最大的氢能出口国,到 2040 年出口该地区供应的 42%。[②] 因此,亚洲市场的进口需求为澳大利亚带来巨大的氢能出口机会。

四、积极深度谋篇布局:澳大利亚发展氢能的路径选择

能源转型背景下,氢能再次吹响新能源革命号角,世界主要能源生产和需求大国纷纷瞄准氢能产业发展方向,在未来能源战略上谋篇布局。国际氢能委员会研究报告显示,2021 年初,全球有 30 多个国家发布了氢能战略或路线图。与此同时,全球氢能行业有超过 200 个氢能项目和投资计划,各国政府累计投资超过 700 亿美元。[③] 澳大利亚深知氢能尚处于产业发展早期阶段,因此构建具有商业开发价值的氢能产业价值链,有赖于政府的产业规划和引导,鼓励和支持私人资本和科研机构进入氢能产业赛道,探索出一条将产业发展规律和国家能源战略相结合的路径。澳大利亚的氢能产业战略举措,主要有以下几点。

(一)顶层设计

政府主导制定切实可行的战略和政策,整合政界、商界和学界优势资源,鼓励和引导未来氢能产业发展方向。

---

① Acil Allen Consulting for ARENA."Opportunities for Australia From Hydrogen Exports", 2018, pp.57-61. https://arena.gov.au/knowledge-bank/opportunities-for-australia-from-hydrogen-exports/.

② Economic Research Institute for ASEAN and East Asia (ERIA). "Demand and Supply Potential of Hydrogen Energy in East Asia", May 13,2019, p.157. https://www.eria.org/uploads/media/RPR_FY2018_01.pdf

③ Hydrogen Council. "Hydrogen Insights 2021", p.4. https://hydrogencouncil.com/en/hydrogen-insights-2021.

在战略政策层面,稳定氢能发展政策预期,提振氢能产业发展信心。首先,制定氢能发展战略和路线图。联邦政府层面,早在 2018 年,澳大利亚能源委员会就认识到了氢能的经济和环境效益,制定了氢能产业愿景。当年 12 月,成立了由首席科学家艾伦·芬克尔(Alan Finkel)博士领导的专门氢能工作组,制定全面的国家氢能战略。2019 年,澳大利亚正式发布《国家氢能战略》,旨在建立一个清洁、创新、安全和有竞争力的氢能产业,到 2030 年成为全球主要氢能供应国。2020 年,澳大利亚公布《技术投资路线图》,确立以技术为主导的国家长期零碳减排路径,其中将清洁氢纳入 6 项优先发展的低排技术之中,并承诺投资超过 10 亿美元。地方政府紧随联邦政府纷纷制定雄心勃勃的氢能发展计划,并与国家氢能战略保持一致。其次,重新审视既有法律政策,建立监管框架。澳大利亚政府提出,要回顾涉及氢能安全和氢能行业发展的 730 项立法和 119 项行业标准,目的是配合战略执行,突出政策导向重点,消除政策重叠和政策壁垒,构建全国统一的行业标准体系。[①] 具体来说,在监管框架方面,联邦政府与地方政府合作审查监管框架,考察影响氢能行业的联邦、州和领地法律,通过监管改革等措施,为高效的供应链和市场制定一致的方法,以便更好地支持氢能工业的安全发展。

在资源整合层面,联邦科学与工业研究组织(CSIRO)等部门从可再生资源、碳储存、基础设施等多维度做了大量调研,论证了发展氢能产业的可行性。同时,向政府和工业界提供可靠的科学建议,支持氢能研究网络和氢能研发合作,建立"氢能知识中心"(Hydrogen Knowledge Center),该中心分为氢学习(HyLearning)、氢研究(HyResearch)、氢资源(HyResource)和合作伙伴与资源四大模块。以氢资源为例,该模块支持澳大利亚氢能产业发展的知识共享,进而降低搜索成本,填补利益相关者的知识空白,并帮助加速清洁氢作为低排放能源的开发和部署。截至 2023 年 8 月,在氢资源模块可查询到 111 个氢能项目。[②] 氢能知识中心旨在通过提供有关政策、项目、研究和资源的定期更新信息,促进各方在发展氢能工业中的合作。

在金融支持层面,一方面,建立官方融资机构,直接资助氢能项目。澳大利亚政府向澳可再生能源署和清洁能源金融公司等机构注入资金,通过

---

① 武正弯:《德澳加日四国氢能战略比较研究》,《国际石油经济》,2021 年第 4 期,第 63—64 页。

② "Hyresource-industry-Active projects". https://research.csiro.au/hyresource/projects/facilities/.

基金、补贴、优惠贷款等方式投向氢能项目,鼓励创新和应用。例如,2021年,澳大利亚可再生能源署向三个10兆瓦氢电解槽项目资助1亿美元,探索氢能开发经验。2023年5月,工党政府宣布将投资20亿澳元加速发展大规模绿氢。另一方面,引导氢能产业投资方向,鼓励私人资本参与氢能产业链建设。2022年1月,澳政府发布投资1.5亿澳元的清洁氢贸易计划,旨在吸引海外公共或私营部门投资澳大利亚氢能供应链,进而促进清洁氢能出口产业。此外,当前澳政府正在进行国家氢能基础设施评估,旨在提高氢能项目的透明度和可行性,从而引导政府和私人公司投资。

(二)项目示范

遵循新兴产业发展规律,以氢枢纽、技术群等项目为依托,降低生产成本,检验商业可操作性,提升氢能产业发展竞争力。

根据产业周期理论,产业周期战略设计可分为三个阶段:前期评估与前景预测、技术研发和政策支撑、示范应用与成熟推广。澳大利亚通过建立氢枢纽或氢能技术群等示范项目,探索氢能产业健康发展的可行路径。具体来说,氢枢纽是将氢气用户、生产商和潜在出口商位于同一地区,这有利于减少基础设施需求并降低成本,是大规模生产氢气和增加需求的高效方法。澳大利亚国家能源资源局领导建立氢能集群,进而推动整个氢能价值链的行业合作,确保澳大利亚能够提供新技术、产品和服务给国内和国际市场。国家氢集群旨在为澳大利亚氢技术和专业知识建立全球身份和公认品牌,加速氢能供应链的发展,减少重叠并确定新技术开发、部署和商业化方面的方向。[①] 氢能枢纽和大规模需求集群已被确定为促进澳大利亚氢能工业成为全球竞争者的催化剂。

当前,澳大利亚联邦科学与工业研究组织、澳大利亚可再生能源署、清洁能源金融公司和北澳大利亚基础设施基金等全力支持生产、运输、储存、应用等环节的氢能技术研究及商业化发展,推动氢能枢纽和氢能技术集群建设,重点关注氢能技术研发及商业化,以期加速氢能供应链发展,激活氢能市场,打造澳大利亚氢能技术品牌。截至2021年9月,澳大利亚已建立

---

① National Energy Resources Australia."Establishing National Hydrogen Cluster:Stakeholder Consultation Summary", October 19,2020, p.2.https://www.nera.org.au/Publications-and-insights/Attachment? Action=Download&Attachment_id=329.

15个氢能技术集群(新南威尔士州6个、西澳大利亚州3个、昆士兰州3个、北领地1个、南澳大利亚州1个、塔斯马尼亚州1个)。① 同年9月,澳大利亚政府宣布,将额外拨款1.5亿澳元,资助七大重点地区的制氢中心。② 除此之外,澳大利亚还积极推进氢能贸易试点,探索商业可行性。例如,氢能供应链(HESC)是澳大利亚和日本合作的全球首个液化氢能出口试点项目。③ 2022年1月,全球首艘液化氢运输船从澳大利亚维多利亚州装载第一批氢能运到日本,这是澳大利亚建立氢能出口产业的里程碑事件。该示范项目的成功将为澳大利亚带来显著的经济效益,提高社区对氢技术的信心和理解,为后续持续氢能贸易提供成功蓝本,进一步增强氢能产业发展竞争力。

(三)市场导向

开发国内市场,拓展国际市场,强化国内外市场需求信号,确保供需对接,激发氢能产业发展后劲。

市场需求是检验新兴产业发展的试金石,回归市场才能确保氢能产业发展后劲。因此,澳大利亚强化国内外市场需求信号,构建供需对接稳定的氢能供应链。

一是开发国内市场,扩大应用场景。氢能广泛的应用场景,意味着国内市场有很大开发价值。在工业领域,氢能是化工产业生产过程的原料。例如,当前大部分氢能用于氨的生产。德勤研究报告发现,澳大利亚每年生产

---

① 《澳大利亚的绿氢机会》,新华网,2021年10月10日。http://www.news.cn/globe/2021-10/10/c_1310232248.htm

② 2021年9月,澳政府确定七个潜在氢枢纽位置,分别为:贝尔湾(TAS)、达尔文(NT)、艾尔半岛(SA)、格莱斯顿(昆士兰州)、拉筹伯谷(维多利亚州)、猎人谷(新南威尔士州)和皮尔巴拉(西澳大利亚州)。https://www.minister.industry.gov.au/ministers/taylor/media-releases/future-hydrogen-industry-create-jobs-lower-emissions-and-boost-regional-australia

③ 氢能供应链(HESC)试点项目于2018年启动,由日澳两国企业合作,预计耗资5亿澳元。该项目通过煤气化和天然气精炼过程,结合"碳捕技术(CCUS)"进行生产蓝氢。(产生的二氧化碳将会被储存在巴斯海峡地下1.5公里的岩层处,此处属于CarbonNet项目的海上油藏地点。)当前主要是从维多利亚州拉筹伯山谷的褐煤中生产氢气,通过卡车将氢气运输到维多利亚州黑斯廷斯港的液化和装载码头。氢气液化后,将其装载到Suiso Frontier(这是一艘由川崎重工造船厂专门打造设计运氢船舶。同时,这是世界上第一个以液化氢为载体的大型海上氢能运输),最终将液化氢卸载并储存在日本神户的码头。第一批液化氢于2022年1月进行。该项目预计每年生产225,000吨氢气,届时将帮助全球减少约180万吨排放,相当于35万辆汽油车的排放量。

超过 2 百万吨氨,需要 35 万吨氢能作为原料。[①] 从长远看,减排难度大的钢铁行业预计将成为氢能的重要用户。在运输领域,氢能作为燃料电池可用于乘用车、卡车、火车、飞机和船舶等交通工具,弥补电动电池在节能减排、运输距离、成本效益等方面的不足。在建筑领域,氢能可以直接或通过产生合成甲烷为私人和商业建筑中的供暖和热水生产提供能源。在电力领域,氢和可再生能源的大规模储能相结合,成为智能电网的有机组成部分,保证电力系统的稳定性。因此,开发国内市场是推动氢能产业持续发展的应有之义。

二是开发国际市场,建立氢能贸易网络。首先,利用能源贸易网络,建立合作联系渠道。联邦和地方政府在推进对外贸易方面已经建立起一套海外联系机制,为对外贸易和投资代表团提供支持。如维多利亚州在全球设有 23 个贸易和投资办事处。另外,联邦政府启动了一系列国际伙伴关系计划。如 2020 年 1 月,澳大利亚和日本签署了氢能合作联合声明,促进氢技术和法规方面的双边合作,为未来氢能贸易铺平道路。其次,签署订购意向书,提前锁定出口市场。为了确定稳定的需求市场和供货渠道,澳大利亚与贸易伙伴通过签订确保承购协议等形式,提前布局锁定氢能贸易网络。例如,2022 年 3 月,德国能源集团计划与澳大利亚福特斯克金属集团(Fortescue Metals Group Ltd)合作,利用澳大利亚的风能和太阳能生产绿色氢气,进而通过德国能源集团的运输系统出口至欧洲地区。根据初步协议,该计划将于 2024 年开始投产送气,到 2030 年达到每年 500 万吨的氢气量。

(四)国际合作

借力国际双边和多边平台,进入国际氢能产业发展主流梯队,争取在未来世界氢能格局中占有一席之地。

当前,日本和美国等少数国家属于氢能产业发展第一梯队。澳大利亚凭借其在资源禀赋、能源基础和贸易网络等方面的优势,制定雄心勃勃的氢能发展战略,企图后来居上,进入国际氢能发展主流梯队,谋求在氢能塑造

[①] COAG Energy Council Hydrogen Working Group. "Australian Hydrogen Hubs Study", November 2019, p.64. https://www.industry.gov.au/sites/default/files/2021-09/nhs-australian-hydrogen-hubs-study-report-2019.pdf.

的未来世界能源格局中占有一席之地。

首先,参加各种国际氢能论坛,积极提出建议,参与塑造规则。澳大利亚通过参与各种国际组织活动,甚至主办国际性氢能论坛,倡导和领导一系列氢能发展事务,涉及从国际谈判论坛到关注氢作为燃料源的发展以及技术层面问题的讨论。如2019年,澳大利亚贸易委员会率团参加在东京举办的第15届国际氢能和燃料电池博览会。同年,第8届国际氢能安全会议在阿德莱德举办。其次,加强研发和管理经验的国际交流,掌握最前沿氢能知识。澳大利亚与新加坡、德国、日本、英国和韩国建立新的低排技术合作伙伴关系。同时,澳政府将提供价值500万美元的氢研发国际合作计划,旨在加强澳大利亚研究机构与国际氢能研究组织之间的研究联系、合作和知识共享。以氢能安全为例,澳大利亚积极加入氢能安全中心(CHS)和美国氢能安全中心等氢能安全研究机构,为澳大利亚国内组织创造接触氢能前沿安全管理经验的机会。最后,通过多边组织,加强氢能供应链合作。基于印太地区新的地缘政治需要,澳大利亚加强与美国、日本和印度的氢能供应链联系。2022年5月,四国参加的印太经济框架(IPEF)会议提出四项主要举措,其中就包括达成关于氢能供应链合作。2022年7月,四国召开首次能源部长会议,决定在氢和氨等新一代的清洁能源领域合作,并就能源采购机制进行磋商。由此可见,通过双边和多边机制积极参与各种国际氢能活动,澳大利亚旨在进一步提升自身氢能竞争力和国际话语权。

五、逾越产业早期鸿沟:澳大利亚发展氢能的现实困境

在气候变化和能源转型背景下,氢能再次迎来新的发展浪潮。但从产业发展角度来看,虽然氢能历史上几经发展,但时至今日仍处于产业发展的早期阶段,生产成本、行业标准、投资风险和替代竞争等共性挑战仍然是氢能能否掀起能源革命的重要制约因素。澳大利亚氢能产业也一样不可能回避这些现实困境。

(一)整体成本相对较高,限制大规模推广应用

除了可获得性和可持续性外,可负担性是影响氢能普及的重要因素之一。从内部价值链来看,目前,氢能尚处在产业发展早期阶段,生产、运输、储存、分销等环节尚有一些技术难题急需解决,商业模式仍需要进一步探索。以制氢为例,虽然当前氢能主要来自化石燃料,但是选择生产可再生氢

是未来净零排放的必然趋势。然而可再生氢的生产成本大约是化石燃料制氢的两到三倍。根据国际能源署2019年的报告,到2030年,化石燃料制氢仍将是最有成本竞争力的选择。为了进一步提前降低制氢成本,2020年澳大利亚宣布了一项雄心勃勃的"H2 under2"目标,旨在将可再生氢生产成本降至每公斤2澳元以下,以此加快澳大利亚氢能在国内外市场的竞争力。另外,尚未全面开征碳税也限制了可再生氢的价格竞争力。除了制氢外,加氢等环节也制约着氢能的最终使用整体成本。建设足够数量的加氢站是大规模推广氢能应用的前提条件。根据H2station网站统计,截至2022年底,全球共有800多个加氢站投入使用,主要集中在欧洲(254)、亚洲(455)和北美(89)。相比之下,澳大利亚仅有6个在运行,10个尚在规划中。[①] 由此可见,基础设施还需大量投入,这进一步推高了氢能布局的前期成本。从外部能源竞争来看,相比其他可再生能源,当前氢能产业生产成本也不占优势。以发电为例,太阳能和风能等可再生能源发电技术比制氢技术更先进和成熟。从2010年到2020年,陆地风电的总装机成本大幅下降了约30%,连同太阳能光伏一起,是成本最低的可再生能源。总而言之,当前氢能整体成本在终端消费市场缺乏比较优势,限制了其大规模推广应用。

(二)行业标准尚未建立,影响国内外氢能贸易发展

随着经济全球化和区域一体化进程加快,标准化成为新能源与可再生能源技术实施产业化的重要环节。技术标准是国家实力的重要体现,标准之争,实质上就是国家之争。标准是一种产业和经济的规则,标准对内可以促进产业分工和贸易的发展,对外意味着技术壁垒和产业壁垒。[②]

氢能标准化建设远远滞后于产业规模化发展的需要。氢能是一个新兴市场,至今在其生产、运输、分配、使用等方面仍然没有被普遍接受的国际标准,而是单个国家或地区制定的内部标准和法规,甚至有些还是不成文和不明确的规定。如低碳氢在不同国家有不同的二氧化碳排放阈值。因此,为确保跨境合作,有必要对操作规则、安全标准和环境影响达成统一标准。以原产地保证为例,原产地保证允许追踪和证明氢的来源和相关环境影响的

[①] "Press Release 2023: Another Record Addition of European Hydrogen Refuelling Stations in 2022". https://www.h2stations.org/press-releases/.

[②] 毛宗强:《无碳能源:太阳氢》,北京:化学工业出版社,2010年。

标准化过程,从而满足消费者对购买产品和服务透明信息的偏好。原产地保证也有助于投资者评估风险,进而可以更好地了解氢的可能购买价格,以及其投资组合中碳暴露的未来风险。

当前,有些国家和地区正在尝试建立原产地标准,希望在未来普遍认可的国际氢能标准制定中占有一定话语权,甚至是主导权。比如欧洲的氢认证(CertifHy)①,旨在制定欧洲范围内对可再生氢和氢能原产地保证计划的共同定义。当然,澳大利亚政府也推出碳中和认证计划,希望与业界合作设计和开发国际一致的原产地保证计划,该计划将通过告知客户与他们购买的氢气相关的排放来支持未来的清洁氢能贸易。因此,各自为政的氢能行业标准,阻碍了氢能贸易的有序发展。

(三)产业早期投资风险高,降低大规模私人投资意愿

氢能尚处于商业开发的早期阶段,投资风险大,资金渠道有限,主要依赖政府通过各种优惠政策支持发展。同其他产业早期开发一样,制氢产业还要克服"先有鸡还是先有蛋"的困境。在基础设施方面,氢能产业属于资本密集型投入。如果无法预见长期的氢能需求以及缺乏确保市场长期存在所需的政治承诺,那么这种投资具有较大风险且难以验证其合理性。例如,与电动电池汽车相比,氢燃料电池汽车还面临一些不可预测的市场风险。因此,未经证实的潜在市场对氢能发展构成较大风险。从长期趋势看,未来对氢能的需求受到国际脱碳减排的努力、氢能生产成本的降低、多种应用场景的适应等因素的影响。

(四)面临他国氢能出口竞争,削减潜在国际市场份额

不同国家的资源禀赋和基础设施差异造就了不同氢能产业实力,进而重塑了当前和未来世界氢能产业格局。从短期来看,根据氢能生产潜力和进出口需求,全球已经制定氢能战略的国家大致可以分为三类。第一类,制氢不能满足国内需求,仍需进口,如中国、日本、韩国、新加坡等国。这些国家属于自然资源禀赋差或能源需求缺口大或两者兼而有之。第二类,制氢

---

① CertifHy 于 2014 年推出,旨在为新的氢市场设计首个欧盟范围内的绿色氢原产地保证。这是由行业在政府资助下开发的,其目的是为了让欧洲消费者能够将氢生命周期的排放量与其他替代运输燃料进行比较。目前还处于试点阶段。

能满足国内需求，剩余用于出口，如阿联酋、摩洛哥、挪威、文莱、智利等国。这些国家属于资源禀赋优异，具有生产成本优势，生产潜力大。第三类，制氢能满足国内需求，暂不需要进出口，如法国、德国、意大利等欧洲国家。从中长期来看，随着技术升级和能源需求变化，氢能在全球的进出口格局将会再次发生变化。例如，原来不出口氢能的国家也会加入到出口国行列，如美国、印度等国家。2021年8月15日，印度总理莫迪在启动国家氢任务时说：为了实现绿色氢的目标，我今天以三色旗作为见证人宣布国际氢任务，我们必须使印度成为绿色氢气生产和出口的全球枢纽。[1] 因此，澳大利亚在推进出口导向氢能战略过程中还面临其他国家抢占潜在国际市场份额的竞争。

六、总结

在能源转型背景下，能源进化将继续遵循从低效到高效、从低密度到高密度、从低储量到高储量，以及从单一主导到多元集成的轨迹。但我们应该注意到能源转型是一个漫长的过程，因此，从传统能源向可再生能源过渡不可能一蹴而就。从长远来看，氢能作为可再生能源代表未来能源结构发展趋势，甚至可能对世界地缘政治格局产生重大影响。作为能源生产和出口大国的澳大利亚，能源是澳大利亚促进国内经济发展，增强国际竞争力的重要保证。早在2015年，澳大利亚能源白皮书宣称：澳大利亚是一个不断发展的能源超级大国。我们的能源部门支撑着我们的经济、保障我们的生活水准并推动我们的国际竞争力。它还巩固了我们在全球经济中的地位。[2] 随着脱碳驱动因素、新兴市场出现和可再生电力成本下降，氢能作为可再生能源的朝阳产业正在释放巨大的发展潜能。因此，澳大利亚在新一轮氢能发展浪潮中适时提出国家氢能战略，在顶层设计、项目示范、市场导向和国际合作层面积极布局，以清洁氢能出口导向为战略依托，突破能源安全、经济发展和环境保护所面临的困境，从而在中远期实现世界氢能出口大国的战略雄心。

---

[1] Prime Minister's Office, Government of India. "English Rendering of the Text of PM's Address from the Red Fort on 75th Independence Day". https://pib.gov.in/PressReleaseIframePage.aspx?PRID=1746062.

[2] Department of Industry and Science. "Energy White Paper 2015: Minister's foreword", April 2015. https://www.abc.net.au/reslib/201506/r1437292_20785622.pdf.

当前，国内外环境的变化对澳大利亚氢能产业发展十分利好。在国内，发展氢能产业成为澳大利亚党派政治的共识。尤其重视环保的工党在2022年5月赢得澳大利亚大选后，阿尔巴尼斯领导的工党政府在"绿色复苏和发展"竞选理念指导下，在气候变化问题上，工党政府誓言"重建国家声誉"，重新设定了具体目标，要推动澳大利亚到2030年碳将排放量减少43%，到2050年实现净零排放。在能源转型上，工党更是承诺将澳大利亚打造成"可再生能源超级大国"。因此，氢能产业成为新一届政府重要扶持的战略目标。在国际上，当前俄乌冲突等全球突发事件加剧了世界能源危机并引发对脱碳减排前景的担忧，氢能在各国能源消费结构中成为缓解能源危机和实现脱碳减排的重要选择。当然也应该清醒地认识到，尽管氢能发展前景光明，但氢能产业链尚在商业开发的早期探索阶段，仍有技术、成本、标准和市场等一系列产业障碍需要克服，这也为澳大利亚实现清洁氢能战略目标增添了不确定性。

An analysis of Australia's hydrogen energy industry under the background of energy transition

Abstract: Under the background of energy transition, Hydrogen energy is not only regarded as an ideal renewable energy source for decarbonization and emission reduction, but may even reshape the future world energy pattern. Based on the unique advantages of hydrogen energy in solving the relationship among energy security, economic development and environmental sustainability, Australia actively utilizes the favorable conditions of resource endowment, industrial environment and market network, and takes the initiative in four aspects: top-level design, project demonstration, market orientation and international cooperation. Deploying a hydrogen energy strategy, it is expected to establish a clean, innovative, safe and competitive hydrogen energy industry by 2030, and become the world's major clean hydrogen energy supplier. Since the Labor Party came to power in May 2022, the development of the hydrogen energy industry has become an important strategic goal of the Albanese government to promote energy transformation. It should be noted that as an early stage of industrial development, Australia's hydrogen energy industry still faces difficulties and challenges such as high costs, industry standards, investment willingness, and market competition. Therefore, whether Australia, as a major energy exporter, can realize its strategic ambitions in the field of hydrogen energy industry still faces some uncertainties.

Key Words：Energy Transition；Australia；Hydrogen Energy Industry；Hydrogen Energy Strategy

作者简介

唐 杰 中国人民解放军国防大学政治学院教师，法学博士。

澳大利亚媒体对华政治形象建构研究

温煜明　张彦华

摘要：随着中国综合国力和经济地位的提升，中国国家形象和品牌形象的良性建设也越来越重要。本文通过对澳大利亚媒体涉华相关报道的研究、剖析，发现澳大利亚媒体在对华政治形象的建构中存在着文化冲突影响下的政治形象认知固化问题、政治符号化问题、形象污名化与标签化问题等。本文分别从加强文化自信，以多元立体化方法建构国家政治形象，构建中国特色政治话语体系与提升国际主流媒体舆论引导力，破除污名化与标签化等方面提出策略建议，以期对中国国家形象与品牌形象良性建设有所助益。

关键词：澳大利亚媒体；形象构建；跨文化传播；主流媒体；符号

改革开放以来，我国以开放包容的姿态融入世界，在国际交往中既开放自信也谦逊谦和，努力促进世界向着更加均衡普惠的方向发展。澳大利亚是全球矿产资源的重要供应者，也是中国矿产资源进出口贸易的重要伙伴。仅从贸易的角度来看，双方经济结构还比较互补，相互合作效益远大于冲突对抗，且澳大利亚与我国之间既没有历史遗留问题，也不存在领土争端，国家核心利益不存在对抗性冲突。

然而，在澳大利亚媒体对华政治形象建构的过程中，澳大利亚媒体通过报道倾向的主动选择，忽视客观事实，夹杂群体偏见，试图对我国国际政治形象进行负面引导，破坏我国国际声誉。同时，塑造政治制度对立性冲突也是澳大利亚媒体话语压制和引导负向舆情的重要手段,在国际交往中对我国国际政治话语体系与国际政治形象良性建构造成了不利影响。此等现象后的具体原因值得我们讨论与深思。

一、澳大利亚媒体对华政治形象建构的主要问题

近年来,中国与澳大利亚经贸关系持续跃升,但两国却在地缘政治、政治和安全领域呈现出背离的态势。[①] 澳大利亚媒体对中国政治形象报道的负面化趋势越来越明显,部分澳大利亚主流媒体频繁出现对中国不负责任的批评与指责之声。澳大利亚媒体对华政治形象建构的问题主要有:文化冲突影响下的澳大利亚媒体对我国政治形象认知固化问题,政治符号化问题及中国国家形象污名化与标签化问题等。

(一)文化冲突影响下的澳大利亚媒体对我国政治形象认知固化问题

全球化、文化多元化的发展和新媒体的普及推进了世界传播秩序的重塑和文化传播主体多元化的形成。[②] 随着国际社会主要国家间力量对比的变化和国际主导权的转移,国际社会长期以欧美文化为中心的文化格局发生了转变,我国提出的"一带一路"倡议和人类命运共同体观念营造出了东方新兴文化氛围。亨廷顿指出:"每一个文明都把自己视为世界的中心,并把自己的历史当作人类历史主要的戏剧性场面来写。与其他文明相比,西方可能更是如此。"[③]中国与西方发达国家间的文化冲突对澳大利亚媒体在对华政治形象建构的过程中存在着一定影响。在中西主流文化冲突背景下,存在着民众对华形象认知固化的问题。认知固化即思维定势,指人们习惯于以固定的、熟悉的思路去认知问题,以固定的方式接受事物发展的规律。澳大利亚媒体对华政治形象建构过程中存在的认知固化表现在与澳洲文化相异的方方面面,譬如刻板印象中的中国人民、社会主义、共产党等,这对中华民族特性下中国国际政治形象的建设存在着冲击与挑战。

澳大利亚的新闻工作者作为资本主义体系的亲历者,本身就对资本主

---

① Yu Lei,"China-Australia Strategic Partnership in the Context of China's Grand Peripheral Diplomacy",*Cambridge Review of International Affairs*,No 2,2016,pp.740-760.
② 秦琴:《转文化视角下国际受众对中国电影文化认同路径分析》,《学习与探索》,2021年第8期,第182页。
③ 亨廷顿:《文明的冲突与世界秩序的重建》,北京:新华出版社,1998年,第41页。

义国家存在天然亲近性,对中国这样的社会主义国家具有天然排斥性。这种潜移默化存在的文化基础在澳大利亚媒体对华政治形象建构的过程中体现得十分明显。美国等西方国家长期戴着有色眼镜看中国,其大部分媒体倾向于怀着主观情绪、狭隘偏见恶意评论中国。在美国大肆渲染"中国威胁论"的影响下,国际舆论及澳大利亚媒体对我国政治形象的认知存在着刻板印象和片面化认知的问题。

在新闻传播中,一般存在着"信息不对称"现象。新闻传播者作为信息的主体输出者,掌握着更全面的信息流,而输出什么样的信息则存在着选择偏差,认知固化会影响新闻报道的客观性和真实性。在传播学领域中,"先入为主"是受众接受信息传播的普遍规律,当澳大利亚民众对中国信息的需求处于"饥渴"状态时,若澳大利亚媒体首先传播出去的信息是错误、虚假、片面的,就容易产生混淆是非的结果。即使被报道者再投入数倍的资源去澄清事实,也不见得会立刻见效,反而有可能会被误认为是辩解,从而加剧舆论危机。例如,2020年世界身处新冠肺炎疫情大背景下,澳大利亚莫里森政府以"病毒源头独立调查"[①]议题游说各国,对于我方一再重申"不同意病毒起源于武汉"的说法,在澳大利亚媒体的负面宣传下,也被澳大利亚民众广泛地视为一种辩解,从而引发澳大利亚民众,甚至是国际受众对中国形象的认知错位。

（二）政治符号化问题——以政治符号类化我国政治形象

对于符号化,有学者认为:"在符号化过程中,当一个具体的感性材料如语言、仪式、图片等,不再限于其固有意义的藩篱,而被用来表达特定的政治需求时,符号便具有了政治属性。政治符号是指具有政治意义的符号,政治属性是政治符号的实质。"[②]例如,当提及中国文化时,汉语、功夫、大熊猫等元素就会以符号的形式呈现出来。而在澳大利亚媒体宣传的具体国家政治形象方面,病毒、共产党、社会主义、"一带一路"倡议等则是中国国家政治形象的"所指"符号。

也有学者提出:集成的语义符号会在不同的主体间产生互动,进而形成

---

① Jennifer Oriel."Covid Lies Expose China's Threat to the World", *The Australian-Online*, January 10, 2021.

② 张敏:《合法性构建的政治符号之维——基于结构-功能主义的分析框架》,《学海》,2021年第3期,第148页。

超越单词语的超链接联想效应,即场效应①。西方发达国家的主流媒体所涉及制度安全、军事安全、经济安全、环境安全等威胁议题,也在集成语义符号下形成了"中国称霸论"②和"中国威胁论"③等场效应。符号与符号之间形成系统性的义项关联和意义超越,受众就会对意指产生联想,形成共鸣,大众传播会自发形成强势的舆论氛围④。

符号具有很强的代表性和可展现性。随着社会背景的变迁,特别是澳大利亚媒体对我国政治形象所建构的诸如意识形态和政治制度威胁、经济威胁、军事威胁、科技威胁等类化符号的反复出现,更强化了国际社会对"中国威胁论"论调的固有认知。澳大利亚媒体利用符号快捷、便利的特征传播非真实的观念,类化符号的应用拓展了传播的深度与广度。符号化的中国威胁要素也可能会成为中国国际形象的代表,通过符号场域展现出强大的舆论引力,从而在媒体的引导下被动地强化民众的选择记忆,为我国国际形象的塑造和外交战略顺利推进等带来隐患。换言之,澳大利亚媒体通过政治符号化过程,一定程度上对我国政治形象进行类化,从军事、外交、社会等多种国际政治符号进行消息封锁、形象打压,在以西方发达国家为主的话语体系中试图对我国政治形象进行界定并渲染外部威胁,并借助场效应形成负面舆论攻势与价值观锁链,逐步对我国国际良性政治形象进行消解。

(三)形象污名化与标签化问题

首先,就污名化而言,有学者认为:在国际关系中,污名是指国家间围绕权力博弈进行政治互动时所使用的贬抑性、侮辱性指称。污名化除了表示某种"污名"的语义泛化之外,实质上是一种竞争和排斥所驱使的话语建构⑤。澳大利亚媒体通过选择性报道把我国采取的措施或行为施加贬义性、侮辱性指称,表现出强烈排斥性和攻击性,对我国国际政治形象产生了

---

① 张君安:《新闻传播中语义符号的场效应》,《新闻前哨》,2010年第2期,第48页。
② "Beijing's Strategy: Blunt the US, Then Lead the World", *The Australian*, September 16 2021.
③ David Wilezol, Bookshelf. "Friends in Freedom: Step up to Counter China Threat", *The Australian*, September 17 2021.
④ 张君安:《新闻传播中语义符号的场效应》,《新闻前哨》,2010年第2期,第48页。
⑤ 曾向红、李琳琳:《国际关系中的污名与污名化》,《国际政治科学》,2020年第3期,第79页。

巨大消极影响,造成国际形象的污名化。例如,澳大利亚媒体把我国收复台湾、维护祖国统一的内政问题污名为"领土野心",并称"(中国)对台湾的粉碎将扼杀全球贸易,推翻世界安全和繁荣所依赖的联盟,并导致历史上最严重的军备竞赛"[①]。中国收复台湾的夙愿和方式被打上"威胁"的污名烙印,原本属于中国内政的事务被国际化,而西方主要发达国家由此从民主或经济或军事上干涉台湾问题的行为也就相应被合法化了。

其次,针对标签化问题,有学者认为:标签化是指一种自发的认识归类方式,某一个事件或者某个人物自发地归为一类事件或一类人物,而不是将其视为一个独立的个体[②]。作者认为澳大利亚媒体对我国政治形象的标签化源于刻板印象中的认知偏差,以及对事物认知的简单归因。在国家形象的他塑过程中,特定形象标签所附带的标签效应易导致先入为主观念的形成,进而对国家立场、态度倾向、意识偏好等方面产生影响。政治制度差异也是西方国家压制和引导负向舆情的重要手段,通过标签化方式攻击我国政治体制,这些行为也对我国国际话语体系与国际政治形象的良性建构造成了不利影响。

国家形象作为一国的长期建设工程,深受历史因素影响。中华人民共和国自成立以来就在意识形态、政治制度等方面与西方资本主义国家存在着本质差别。所以,出于政治制度差异,西方媒体对我国政治形象的污名化、标签化建构有着历史承袭特质。尤其在近几年中美对抗背景下,美国将我国塑造成为其首要的"外部威胁"[③],澳洲作为美国盟友也自然地吸收着美国态度,对我国行为产生疑惧心理。同时,澳大利亚对华疑惧心理有着深刻的历史缘由,其对华政策、态度始终受影响。[④] 澳大利亚历史上曾发生过多次排华事件,诸如 19 世纪中叶,澳大利亚淘金热时所发生的排华运动,700 名工人和 2000 名华工发生冲突,华人有 750 顶帐篷,30 家商店和众多财物被焚烧,3 名华人受伤,华人财产损失共计 5 万英镑之多[⑤];再如 19 世

---

① Tony Abbott."Potential Foes Won't Wait for Our New Subs", *The Australian-Online*, December 5, 2021.
② 朱力:《泛标签化扭曲社会认知》,《人民论坛》,2012 年第 9 期,第 6 页。
③ 信强,陈宸:《"中国威胁新叙事"及对中美人文交流的影响——以特朗普时期为例》,《南开大学学报》(哲学社会科学版),2021 年第 5 期,第 25 页。
④ 许善品,汪书丞:《澳大利亚对华疑惧心理的历史缘由》,《历史教学问题》,2019 年第 6 期,第 104 页。
⑤ 王孝询:《澳大利亚排华原因初探》,《世界历史》,1994 年第 2 期,第 63 页。

纪后半叶,悉尼天花疫情下的排华运动,《晚间新闻》报道的标题多是"悉尼天花：唐人街染疾""华人扎堆发烧""华人中的流行病"等①。这些案例都可以直观反映出澳大利亚媒体对华的排斥态度。

改革开放以来,我国以和平友好的态度参与国际交往,与澳大利亚原本并无重大矛盾,不存在重大的历史问题。事实上,中国和澳大利亚两国也确实有过"蜜月期",但澳大利亚政府却做出了错误的选择,为了迎合美国盟友的需要,澳大利亚政府采取了多种打压中国的政策,这导致中澳关系急转直下,两国在地缘政治、政治和安全领域呈现出加速背离的态势②。近年来,澳大利亚媒体对中国政治形象报道的负面化、污名化趋势越来越明显,部分澳大利亚媒体频繁出现对中国不负责任的批评与指责之声。通过调查分析,澳大利亚媒体对我国政治形象新闻报道内容的选取以负面为主,大比例的负面报道和恶性事件相对集中,诸如贸易胁迫、军国主义色彩、中美对抗、人权侵犯(新疆、香港)等议题,这些都是事关国家政治形象的重要主题。

以贸易胁迫为例,澳大利亚长期以来是中国重要的能源及矿产资源合作伙伴。澳大利亚政府某些政客出于"冷战思维"的政治偏见,干扰和破坏两国合作交流。2021年4月,澳大利亚政府单方面宣布取消"一带一路"合作协议。5月,中国宣布终止与澳战略经济对话并无限期暂停对话机制下一切活动。中澳两国的经贸合作短期内陷入低谷。针对我国采取的"无期限暂停中澳战略经济对话机制下的一切活动"的举措,澳大利亚媒体以"北京(中国)想通过经济胁迫的手段让堪培拉(澳大利亚)跪下并摧毁它"③进行污名化解读,并有意地用美国政府的态度来进行施压,将中澳经贸合作强行政治化、意识形态化。

总的来说,出于政治制度等因素的限制,澳大利亚媒体对我国政治形象的建构在历史因素影响下,存在着民族主义色彩、污名化问题和社会达尔文主义倾向,并朝着非良性扩大演化,使得我国良好国际政治形象的建构受到挑战与影响。

---

① 费晟：《1881年悉尼天花疫情下的排华运动》,《世界历史》,2020年第5期,第20页。
② Yu Lei."China-Australia Strategic Partnership in the Context of China's Grand Peripheral Diplomacy", *Cambridge Review of International Affairs*, No 2, 2016, pp.740-760.
③ Anthony Galloway."Biden Raised Trade Strikes on Australia in Talks with Xi", *The Sydney Morning Herald*, December 2, 2021.

二、澳大利亚媒体对华政治形象建构的问题分析

受社会文化冲突、政治制度差异限制及主流媒体的选择偏好等多方面因素影响,澳大利亚媒体在对我国政治形象的建构过程中产生了许多问题。我们不仅要认识到问题的客观存在,更要深入探究问题产生的原因,以不同的角度、立场进行综合分析,从而在国际形象建设过程中汲取经验和智慧。

(一)社会文化差异与跨文化传播中的选择影响

有学者认为:"文化维度是衡量国家形象差异化的重要指标之一,对树立好的国家形象至关重要。"[1] 文化传播与良好国家形象的塑造关联密切,文化是一个国家、一个民族的灵魂,是一个国家身份认同的基础。在跨文化传播中,国家形象的塑造存在"自塑"和"他塑"两种方式。所谓"自塑",就是通过主动方式积极塑造本国良好形象,促进文化身份认同,提高国家的吸引力和感召力;而"他塑"则是在他国观念、思维方式的基础上进行认识活动,自塑犹如自我独白,他塑则像一面镜子折射他者认知。从他塑的角度来说,现代传媒以其特有的海量信息集散特性、议程设置、公众舆论引导等功能,在全球信息环境中培养并影响着国际公众对他国形象的认知与态度,从而形成有利于本国利益的国际关系与互动行为。[2] 澳大利亚媒体从本国利益出发,在国家利益决衡过程中存在着不同文化的选择矛盾,不同的社会背景孕育出了不同特质的文化属性,而异质文化间的隐性冲突与显性差异不可避免。意识形态对立和文化观念冲突的表征在澳大利亚媒体对华政治形象建构的过程中也不断得到体现。

澳大利亚是移民国家,历史较短,受到英国宗主文化的巨大影响,文化观念上更接近于西方主流文化;而中国作为传统的大陆国家,儒家文化贯穿中华文明历史长河。由于两国历史传统、生活方式、风俗精神不同,导致了两国诸多文化观念的差异。而中澳两国的文化差异也是影响澳大利亚媒体涉华报道的重要因素,一些在我国看来很平常的社会现象或事件,很可能在西方国家眼中就变成了有关人权、民主、自由的重大新闻。资本主义国家及

---

[1] 周育萍:《跨文化视角下汉语数字教材中国"国家形象"的构建与传播》,《武汉冶金管理干部学院学报》,2021年第3期,第85页。

[2] 陈薇:《媒介化社会的认知影像:国家形象研究的理论探析》,《新闻界》,2014年第16期,第37页。

其媒体乐此不疲地攻击、责难社会主义国家,以满足自身发展和维护民主的需要。因而在澳大利亚媒体视角下,不断报道负面的中国形象也就显得合理了。中国主流媒体的影响力在国际主流媒体体系中居于弱势地位,面对西方发达国家主流媒体的话语冲击与封锁,在我国际政治形象的构建中无法有效地展现出立体、真实、全面的中国形象。

新闻传播中存在着"沉默螺旋"效应,即团队意见的形成不一定是团队成员"理性讨论"的结果,而可能是对团队中"强势"意见趋同后的结果。有学者认为沉默螺旋效应将在网络传播中持续扮演重要角色[①]。在澳大利亚媒体的刻意选择下,澳大利亚国内传播的绝大程度上都是我国负面政治形象的新闻。首先接受此观点的民众易因"首因效应"的影响对我国政治形象产生先入为主的认知,即负面的政治形象。而在跨文化传播语境下,这又会增加互相理解、理性认知的难度。受沉默螺旋效应影响,已经产生刻板印象的民众又会积极鼓吹,推动其他游离在中间的民众也被迫接受其认知中的信息,从而形成一种团队集合意识,形成认知中的信息茧房效应和群体极化危险。在信息传播"挤出效应"的影响下,进一步产生固化认知的民众则会因澳大利亚媒体宣传的"中国逃避事实"的表现印象深刻而弱化对其他方面的感知,再次产生以偏概全的非理性认知,由此循环往复,造成澳大利亚民众对我国政治形象的负面认知不断加深。

(二)政治制度差异影响下的立场选择

政治传播是一个政治与传播融汇的现象,是指通过一定的机制和过程,在国家与社会之间实现相关政治信息的交换和商讨。[②] 有学者指出,国家形象塑造由主流意识形态主导,并始终推进主流意识形态建构的动态过程[③],而国际环境影响、国家利益抉择又对不同意识形态下的国家对话有着选择导向作用。在澳大利亚媒体对华形象建构的过程中,国际政治、国家利益、意识形态等多方要素都对其立场选择存在着巨大影响。

---

① Zhang Wenzhou. "Enlightenment of 'The Spiral of Silence' Theory to Enterprise Crisis Management", *International Journal of Business and Management*, Vol.5, No.8, Aug.2010.
② 刘志成、薛忠义、刘大维:《试论中国共产党政治传播的基本范畴》,《东北师大学报》(哲学社会科学版),2013 年第 3 期,第 25 页。
③ 金国峰:《国家形象塑造与主流意识形态建构》,《学校党建与思想教育》,2017 年第 15 期,第 36 页。

首先,从国际政治的角度来看,美国政治学家汉斯·摩根索在其著作《国家间政治学》中揭示了国际政治的本质,即"国际政治如同所有政治一样,都是对权力的争夺。不论国际政治的最终目标是什么,权力总是其最直接的目标。"也有学者认为国际关系中存在着"强者法则",即能够支配他国的只有列强,弱小国家不得不居于依附地位。① 大国的整体国家利益可以从大国在国际关系体系中的位置来界定。② 在当前的国际环境中,澳大利亚是美国在亚太地区的重要盟友,也是美国对抗中国的重要推手,澳大利亚的行动往往受到美方态度的重要影响。澳大利亚媒体敏锐地注意到中美关系正在朝着彻底的对抗演化③,因而,中美冲突国际背景对澳大利亚媒体涉华报道框架有着巨大的影响。这种影响不仅关系到涉华报道的选题偏好,更影响着各类主题报道数量的多寡。在澳大利亚媒体的报道中,除了中美间经济制裁、美国抵制北京冬奥会等有关中美关系的重要事件被纳入了报道范畴之外,中国与其他主要资本主义国家的关系也是澳大利亚媒体关注的重点内容,如中俄关系、中日关系、中韩关系等。同时,澳大利亚媒体还会时不时地提及新贸易战、军备竞赛等问题,这也在一定程度上反映了澳大利亚媒体对中国崛起和国际地位提升的不安情绪。

其次,"国家利益是指一个主权国家在国际社会中生存需求和发展需求的总和;在一定意义上,国家利益是一种客观存在。"④国与国之间的利益博弈关系是影响新闻报道取舍的一个重要因素,澳大利亚媒体代表着澳大利亚政府,相关报道必定以本国利益优先,特别体现在中澳冲突中,通过以丑化中国政治形象的方式来维护本国行为的正当合理性。例如,中澳经济领域的相互制裁为澳大利亚媒体提供了一个十分特殊的经济背景,不少政治、经济类涉华报道都把此事件当作影响因素之一。正是基于这样的经济背景和对华态度,澳大利亚媒体侧重于攻击中国采取的强制措施对世界经济的影响,在中澳之间的合作与冲突中刻意对冲突元素进行强调,同时再随着偏差式引导,使得澳大利亚媒体对我国的负面政治形象得以建构。

最后,由于国家体制与意识形态差异,澳大利亚媒体对我国政治形象建

---

① 王逸舟:《西方国际政治学》,上海:上海人民出版社,2018年,第30页。
② 宋伟:《大国的整体国家利益:一种理论分析》,《现代国际关系》,2017年第3期,第39页。
③ Thomas Friedman."Before we pivot from war on terrorism to war on China, let's think this through", *The Australian Financial Review*, September 10, 2021.
④ 《总体国家安全观干部读本》,人民出版社,2016年,第47页。

构也存在着选择偏好。有学者认为,在国家利益的交互博弈中,处于相互依赖关系的国家会产生由共同收益和共同威胁所构成的共同利益①,这一"利益聚集行为"使得资本主义制度下的媒体及公众舆论本能地对社会主义国家进行批判,表现出明显的意识形态对立特征。基于以上因素的影响,澳大利亚媒体由此也更倾向于报道我国的负面政治新闻,诸如新疆与香港的人权问题、台湾问题、国际疫情等。政治制度差别问题贯穿于澳大利亚媒体对华政治形象建构的全过程,长期以来对我国良好国际政治形象的构建有着消极的影响。以国际疫情为例,通过对相关报道分析,澳大利亚媒体对我国"疫情控制"总体报道倾向偏向负面。澳大利亚媒体对于中国疫情的报道从中国政府对疫情的控制和应对疫情的措施两个方面展开。客观来讲,涉华的政治新闻报道中也存在一定的正面认可,例如,"亚洲从 SARS 疫情中吸取了惨痛的教训,这一次北京以更快的速度与其他国家分享冠状病毒的基因测序数据"②,"只有中国成功地遏制了这种病毒,并采取了严厉的措施"③等。同时,也有从意识形态角度对中国制度进行批评的负面报道,如"人们担心中国可能掩盖一种新的呼吸道病毒"④;澳大利亚媒体质疑中国政府隐瞒疫情信息,淡化疫情的重要性;"(中国)各省与中央政府之间的沟通非常少,中央卫生当局对各省的行动和信息公布几乎没有控制权"⑤。澳大利亚媒体将疫情中出现的种种悲剧归咎于中国的政治制度,弱化中国政府应对疫情的有力措施,从政治体制角度对中国政府的"不力"行为进行抨击。

(三)澳大利亚媒体自身属性影响和新闻生产者的偏好选择

美国学者恩特曼认为:"如果受众对某个议题或事件缺乏丰富的直接经验,那么他们对该议题或事件的理解就极大地依赖于新闻媒体,依赖于新闻

---

① 刘笑阳:《国家间共同利益:概念与机理》,《世界经济与政治》,2017 年第 6 期,第 106 页。
② Amanda Hodge."Virus Fear Goes Global",*The Australian-Online*,January 21,2020.
③ Paul Garvey,Adeshola Ore,Elias Visontay."Containment:Only the Chinese have succeeded",*The Australian-Online*,March 09 2020.
④ Philip Sherwell. Andrew Gregory."China 'Downplaying Spread of New Virus'",*The Australian-Online*,January 19 2020.
⑤ Peter Hartcher."Pandemic Reveals China's Fatal Flaws",*The Sydney Morning Herald*,January 28,2020.

叙述的性质。"①一国民众对另一国的刻板认知很大程度上取决于该媒体对其相关信息的筛选、报道及宣传,一国媒体的选择导向对本国公众舆论有着营销导向作用。因此,新闻制作者建构出什么特征,新闻受众者就易接受什么样的信息。当今世界身处信息网络时代,除了我们每日所接触的现实世界,我们对其以外的认知、思考和观点,大多数来自网络,即来自主流媒体的引导。对于获得其他国家信息的多样化渠道中,考虑到跨国信息传播的难度,国际媒体传播也就成为重要媒介之一。

  澳大利亚媒体自身属性影响在于,与我国媒体相比,澳大利亚媒体报纸的发行体量普遍不高,报业竞争较激烈。主流媒体意识形态传播过程中存在大众化趋势性变化。②也就是说,主流媒体在舆论引导上的偏好选择越来越迎合大众获取信息的需求,而这是媒体生存和竞争的必然选择。同时,受澳大利亚媒体普遍选择的付费制影响,澳大利亚媒体为了发展和盈利的需要,就必须迎合民众的信息需求而进行新闻选择,根据"煽情叙事"的媒体逻辑,也理所应当地偏向于更吸引眼球的内容,因而把重点放在社会主义国家的负面新闻方面成了首选偏好。澳大利亚媒体以不同的方式对我国政治形象进行针对性的新闻报道,久而久之形成了政治形象的符号,而由符号系统所建构的意义世界具有外部感觉世界所永不具有的连续性和持久性。③一个社会的符号系统一旦被创建出来,也会反过来能动地建构、确认、塑造和改变人类主体及其社会生活。④与此同时,受刻板效应与首因效应的影响,公众首先接收到的具有符号意义的媒体报道就容易造成公众认知的固化,先入为主地根据已有信息对被报道者进行形象定义并形成受众偏好。而媒体出于"用户为王"的需要,又必须根据受众的行为选择,提供与受众用户需求配适的内容。如此循环往复,加剧了澳大利亚媒体对华政治形象负面新闻的选择偏好,又进一步造成澳大利亚公众对我国政治形象的误判与

---

  ① Entman,R.M."Framing: Towards Clarification Fractured Paradigm", *Journal Communication*, No.4, 1993, p.53.

  ② 雷洋:《自媒体时代主流媒体意识形态传播方式的两个转变——从大众化和感性化趋势性变化说起》,《新闻爱好者》,2017年第10期,第9页。

  ③ 张星久:《"圣王"的想象与实践:古代中国的君权合法性研究》,上海:上海人民出版社,2018年,第31页。

  ④ 张敏:《合法性构建的政治符号之维——基于结构-功能主义的分析框架》,《学海》,2021年第3期,第148页。

误解。

同时,新闻生产者自身的认知对媒体新闻的建构也存在一定影响。透视主义认为:不管人们自觉与否,总是被一系列的假设所俘虏,这些假设可以推动也可能妨碍知识的增长。① 在政治符号化的基础上,已经存在的"消极假设"会促生形象污名化和标签化的诞生。网络"污名化"很可能会使得被污名群体陷入持续性的"污名怪圈",即污名的最终实现在某种程度上也可理解为受众自我预期的实现,这会反过来深化其对该群体的刻板印象。② 在新闻选择中,记者、编辑等新闻工作者个人对于媒体形象建构具有先入为主的特征,即文化基础影响对事物的首因判断。其个人在长期的社会生活交往中形成了既有的价值观念、文化基础和处事经验等"假设",尽管新闻报道尽量讲求真实、客观,但"既有假设"的存在仍对媒体形象的建构有着一定的影响。新闻产出的过程同样是一种认知转化的过程,即偏好于以熟知的惯用方式进行创作,凡是与主观印象不同的素材,通常会较少考虑或不予考虑。同时,受以上因素影响下的新闻工作者会通过不同的个体选择以相异的方式对新闻素材进行诠释。因此,新闻工作者个人认知框架对媒体形象建构也存在着影响,这也是我们采取应对策略时不可忽视的重要因素。

三、澳大利亚媒体对华政治形象建构的策略分析

新时代中国国际政治形象构建面临着政治制度软实力较弱、西方意识形态渗透等因素;面临着中西社会文化冲突、西方媒体污名化等潜在因素;面临着国际话语场域中主流媒体"话语失语"、西方传播语境封锁等窘境因素。为了呈现出富含亲和包容的全面立体形象,我们必须在国际传播中运用不同方法,构建中国特色政治话语体系;必须加强文化自信,将中国价值贯穿民族自信建设始终;必须提升国际主流媒体话语权,主动设置议题,牢牢掌握形象塑造主动权和道义宣传制高点,从而向世界展示出一个真实的、自信的、立体的政治形象。

(一)加强文化自信,以多元立体化方法建构国家政治形象

从历史沿革与国际发展来看,中国政治形象的良性塑造需要凸显中国

---

① 王逸舟:《西方国际政治学》,上海:上海人民出版社,2018年,第30页。
② 唐薇、李红艳:《污名抑或正名?——基于激活-应用框架的网络"污名化"现象研究》,《教育传媒研究》,2021年第6期,第87页。

立场,传播好中国声音,加强文化自信,彰显民族价值。与此同时,良好的国家政治形象不能凭借他国的文化自觉获得,而是需要我们以积极主动的态度阐述中国故事,优化国际政治形象传播的技巧,构建国际大众公认的政治身份;也需要我们以多元立体化方法建构国家政治形象,提升国际社会对我国政治形象的认可度与亲和度。

第一,在国际传播中,由于文化差异的存在,来自不同文化背景的人在接收另一种文化中传来的信息时总是带有"文化前见",导致对发出方信息的不准确理解,进而做出错误的判断和决策,最终影响国家政治形象传播的效果。在跨文化交流的过程中,文化传播的主客体之间本身就存在着不对等性,面对西方意识形态的渗透,我们要坚定文化自信,坚持"文化民族主义",以本民族文化为主体,保护和弘扬本民族优秀的传统文化。[①] 但同时,文化之间的冲突不一定只带来冲突,相反,文化的多样性可以使得不同国家的人们相互借鉴对方的文化,文化的差异性也恰恰决定了文化之间的可交流传递性。[②] 我们要发挥好自身优势,在文化包容性特质上求同存异、共生互补,吸收外来文化的精华,并做到为我所用,从而保持中华文化的独特性和鲜活性,牢牢掌握国际传播中中华文化的主体地位;同时也要讲求策略,利用好文化间性的空间,为交流主体间的良性对话创造条件。通过寻找中西文化的共通点,使得我国的政治形象建构方式能够适应西方民众的需求,推动预期传播目标的实现,从而增强中华文化的国际影响力,助推我国良性国际政治形象的构建与传播。

第二,国家政治形象对外传播需要优化传播技巧。新闻报道传播应凸显人类命运共同体的叙事架构。借助共同体的报道框架,传递中国的大同主张,激发国际受众的认同感。有学者认为,文化符号是跨文化传播和交流的重要载体。在表述抽象复杂的概念时,人们往往以具象的、可感知的符号来指代抽象概念,诸如国家、民族或是文化等[③],我们要抓住文化共通的特征,如对幸福、自由、善良等共同价值的追求。对于事关各民族的共性问题,

---

① 陈旭:《文化民族主义与民族文化自觉之辨》,《东北师大学报》(哲学社会科学版),2015年第1期,第108页。
② 曾嘉:《我军国际形象传播中跨文化冲突的应对策略》,《南京政治学院学报》,2012年第2期,第114页。
③ 姚君喜:《媒介使用对外籍留学生中国文化符号认同的影响》,《当代传播》,2021第6期,第55页。

要积极沟通，追求认同与理解，在国际普遍价值观念中寻求共识性因素，从而为国家良性政治形象的建构奠定基础。要注重海外国家政治形象的建构与传播，抓住国际政治舆论的品味与爱好，打破西方发达国家媒体对国际政治事务话语权的垄断，掌握舆论引导的主动权。同时，做好国家政治形象传播也需要运用多元立体化方法。新闻报道内容需要做到多元立体化。一个完整的国家政治形象需要多领域、多主题、多符号的全面呈现，对外传播既要善于挖掘经济、文化、科学等宏观话题，用大格局展示大题材，也要从民生、医疗等小符号进行展现。要做到尊重共性、了解个性，切中海内外受众的利益交汇点，从而呈现科学、权威、全面又具有人文关怀的政治新闻报道样态。我国政治形象的国际传播要兼具深度与广度，也要以内容与质量赢得竞争优势，多语种、多渠道地发布新闻信息，提升信息的渗透率，增强国际政治新闻报道中的引流效应。新闻报道传播渠道也需要朝多元立体化发展。我国国际传播媒体须顺应传播领域多元化、网络化的趋势，调动多渠道进行信息传播，打造立体的政治传播渠道。同时，也要加强海外政治新闻的舆情监测，对不实新闻及时管控与辟谣，严格监测不实报道的传播，加强阐述和解释工作。新闻报道国际传播受众也需要朝多主体化发展。中华文化影响圈之外的西方国家，在政治、经济与文化发展方面与我国存在着较大差异，因而对于不同的受众群体需要采取不同的传播策略以增强传播的有效度。我国政治形象的国际传播要遵从传播规律的要求，以客观、真实的报道满足西方国家受众群体的需求，努力纠正西方舆论对我们的偏见，争取国际传播的主动性与话语权。同时，也要充分保持自信，积极阐述中国智慧，发挥好负责任的大国作用。

（二）利用符号势能，构建中国特色政治话语体系

澳大利亚媒体通过符号的使用对我国政治形象建构形成了舆论攻势和负面引导，同理，我国国际媒体在国际传播中同样可以利用符号的力量进行回击。我们要坚持走中国特色社会主义发展道路，不断增强马克思主义在意识形态领域的主导权和话语权，构建中国特色政治话语体系。

第一，我国国际媒体在国际传播过程中除了借助已有的符号发挥品牌效应，利用符号势能助力我国政治符号的传播外，也要加大对政治符号的生产和传播，并将符号承载的理念与文化向国际社会渲染，建立起国际社会对我国政治形象的感性认知。同时，也要消解符号暴力，回归符号所指本质，

将符号去意识形态化,将符号传播作为思想的"传声筒"。

第二,应立足国内实际,利用好人类命运共同体框架,破除国际竞争间的"零和博弈"。在现代国际社会文化多元、合作共赢的趋势下,要破除"零和博弈"观念,走出"修昔底德陷阱"和"国强必霸论"的泥涡,从人类命运共同体的语境下出发,坚持多边主义发展,建设世界大同,践行全局性、世界性的人类社会发展理念。也要从本土立场出发,建立特征鲜明的中国特色政治话语体系。有学者称,中西之争背景下,在实力政治思维中,软实力是竞争的价值基础,绝对应当万分看重。① 政治制度作为软实力构成的重要一环,我们要坚持好中国特色社会主义发展道路,在国际交往中发挥好制度吸引力、文化感召力。也要立足于中国政治基础,深入社会主义意识形态语境,坚持马克思主义在意识形态领域的指导地位。也要通过认真分析,深入比对,掌握国际意识形态领域话语表达的范式,从而更好地利用多方法、多议程等方式增强国际范围内社会主义意识形态感召的合力,增强国际亲和力和感染力,形成有效抵御西方意识形态渗透和建构中国特色政治话语体系的双赢局面。

(三)提升国际主流媒体舆论引导力,破除污名化与标签化

从国际话语来看,我国政治形象的良性塑造需要提升我国国际主流媒体的舆论引导力,从而破除西方媒体对我国国际政治形象的污名化与标签化,打破西方意识形态对国际话语传播的单极统治,增强中国特色政治叙事体系的权威性与影响力。

第一,要主动扩大我国国际主流媒体话语权,提升我国国际主流媒体的舆论引导力。在国家政治形象的他塑过程中,新闻工作者的态度对于国家政治形象的建构有着较大影响,西方主流媒体通常更偏向于本国或本国盟友意见,所以除了要呼吁坚持新闻专业操守,以客观真实的态度还原本质外,更要提升我国政治形象国际传播中主流媒体的舆论引导力。媒介帝国主义是资本主义霸权在当代的一种表现形式和实施方式②,因此在媒介帝国主义的语境下,我国国际政治形象的建构需要提升我国主流意识形态的

---

① 任剑涛:《"中西之争"的全球史呈像》,《四川大学学报》(哲学社会科学版),2019年第5期,第65页。
② 王玉鹏:《媒介帝国主义与资本主义意识形态话语权批判》,《马克思主义研究》,2020年第5期,第130页。

影响力,发挥好我国主流媒体的专业优势,抢占国际舆论阵地,利用好新媒体平台,增强主流媒体和新闻传播的权威性和认可度,从而构建出中国特色传播与叙事话语体系,主动引导国际舆论走向,助推国家政治形象传播与维护。

第二,要正视污名化问题。对污名化问题树立起警觉意识,在污名萌生阶段主动采取相应措施,通过多种方式澄清事实,坚定回击,展示出客观真实的国家政治形象,进一步控制污名言论的传播与扩散。也要积极进行"印象管理",有力地传播中国声音,将中国政治符号融入世界文化,破除西方民众对我国政治形象的认知偏见与错误归因。也要借助已有的国家政治形象符号发挥出品牌符号势能。如2008年北京奥运会向世界展示了中国文化礼仪之邦与体育大国的形象,2020年的国际疫情处理模式也向世界展示了一个秉持人类命运共同体理念、负责任的大国形象。

综上所述,澳大利亚媒体对华政治形象的建构与塑造受社会制度、中美关系、跨文化传播、选择偏好等多种因素的影响;澳大利亚媒体对华政治形象建构以负面为主,报道过程融入了浓厚的意识形态偏见。2023年11月,澳大利亚总理访华,迎来了改变中澳关系的契机。两国应秉持相互尊重的态度,重建互信,朝互利共赢的目标努力。但也有学者指出:"未来一年中澳关系将在低级'不和'的状态内徘徊,整体呈现'政冷经温'的特点。"[①]我国始终坚持以相互尊重、合作共赢为基础走和平发展道路,中澳关系健康稳定发展,既符合两国和两国人民的共同利益,也有利于维护亚太地区和平稳定与发展繁荣。澳大利亚媒体应更理性、客观、真实地报道和追踪中国政治形象,我国也应多管齐下,主动建构良好国家政治形象。我国国际主流媒体应加大对国家政治形象新闻的报道力度,积极对涉华报道进行舆论引导,主动设置话语议题,突破西方传播语境的封锁,变被动为主动,构建中国特色话语体系。同时,也要谨防西方意识形态的渗透和负面议题的引导,坚持走中国特色社会主义发展道路,让世界了解中国智慧与中国方案,发挥好负责任的大国担当,将世界大同叙事框架融入国际政治传播格局,向世界展示一个真实的、自信的、立体的大国形象。

---

① 李冲,刘哲希:《中澳关系的低位徘徊与"政冷经温"》,《国际政治科学》,2023年第3期,第182—192页。

A Study on Chinese Political Image Construction of Australian Media

Absract: With the improvement of China's comprehensive national strength and economic status, the sound construction of China's national image and brand image is becoming more and more important. By analyzing the relevant reports of Australian media on China, this paper finds that there are some problems in the construction of Australian media's political image of China, such as the solidification of political image cognition under the influence of cultural conflict, political symbolization, image stigmatization and labeling. And based on international politics, multiculturalism and media communication, the problems are analyzed. Finally, some feasible suggestions are put forward from the aspects of strengthening cultural confidence, building a national political image with diversified and three-dimensional methods, building a political discourse system with Chinese characteristics, improving the guiding power of international mainstream media public opinion, and eliminating stigma and labeling, with a view to contributing to the benign construction of China's national image and brand image.

Key Words: Australian Media; Image Construction; Intercultural Communication; Mainstream Media; Signal

作者简介

温煜明 北京大学马克思主义学院硕士研究生。主要研究方向：澳大利亚媒体研究，传播政治经济学。

张彦华 传播学博士，中国矿业大学网络风险治理研究中心主任，中国矿业大学公共管理学院副教授。主要研究方向：传播政治经济学，网络风险治理研究。

权力攫取与经济安全：
澳大利亚供应链战略新动向[①]

许善品　龙轶群

摘要：近年来，澳大利亚高度重视供应链的安全问题，并采取了多种措施强化供应链的安全：一是提升国内供应链竞争力与数字化水平；二是建立多元化的国际供应链体系；三是增强经济抗风险能力。澳大利亚出台供应链安全战略的动因，一是通过"去风险化"应对供应链的脆弱性；二是通过重塑供应链服务于美国霸权护持；三是疑惧心理使其寻求降低对华经济依赖。澳大利亚供应链安全战略，将改变澳大利亚贸易结构、冲击中澳供应链合作基础、加速印太地区供应链重构进程，对中国亦有重要影响。

关键词：供应链安全；韧性；对华依赖

一、引言

2018年以来，随着美国特朗普政府单方面挑起对华贸易摩擦，全球贸易环境的不确定性、不稳定性加剧，使得各国开始强化对供应链安全的重视和投入。2020年新冠肺炎疫情的暴发导致全球多地出现供应链紧张和

---

① 基金项目：2019年湖南省社科一般项目"东亚权力转移背景下中美澳三边关系研究"（项目编号：19YBA320）；中国矿业大学人文社科（重大）培养项目"澳大利亚国家安全战略历史演进研究"（项目批准号：2022ZDPYSK12）。

中断问题,进一步推动了全球供应链布局的调整,激发了各国对供应链安全的关注,全球供应链进入重构期。2022年,俄乌冲突所带来的粮食、能源、资源断供危机更是使本已严重受挫的全球供应链遭遇新的打击,世界经济复苏面临更加严峻复杂的挑战和更多的不确定性,全球供应链加速重构。

对于经济高度全球化且高度依赖外部市场的澳大利亚而言,"有韧性的全球供应链"是保证其经济发展以及内外经济循环的重要外部保证,然而各种国际突发事件冲击凸显了澳大利亚在全球供应链中断面前的潜在脆弱性。在此背景下,自2019年起澳大利亚政府相继发布了《国家货运和供应链战略》①(National Freight and Supply Chain Strategy)、《供应链韧性倡议》②(The Supply Chain Resilience Initiative,SCRI)、《关键技术供应链原则》③(Critical Technology Supply Chain Principles)等官方文件,并于2021年9月成立了供应链韧性办公室对其供应链布局进行调整,以增强澳大利亚供应链韧性,防范供应链中断带来的风险。澳大利亚作为中国重要的经济贸易伙伴,其供应链布局的调整,势必会为中澳经济合作带来变数,尤其是澳大利亚供应链布局调整中的"去风险化"甚至"去中国化"倾向,需要中国保持密切关注。

从既有学术研究来看,供应链安全作为跨学科问题,经济学、管理学和政治学等学科领域都已对该问题进行了深入探讨。不同学科的学者在研究内容和方法选择上各有侧重。经济学和管理学领域的学者主要从供应链存在的风险、供应链安全成本、供应链安全管理以及供应链的恢复能力等技术分析的角度对供应链安全问题进行研究。如斯蒂芬·瓦格纳(Stephan M. Wagner)和克里斯托弗·博德(Christoph Bode)对供应链风险和供应链脆弱性的关系进行了实证性研究,认为供给风险、需求风险等内部风险和监管

---

① Australian Government Department of Infrastructure, Transport, Regional, Communications and Arts. "National Freight & Supply Chain Strategy". https://www.infrastructure.gov.au/infrastructure-transport-vehicles/transport-strategy-policy/freight-supply-chains/national-freight-supply-chain-strategy.

② Australian Government Business. "Supply Chain Resilience Initiative Round 1, March 7, 2023". https://business.gov.au/grants-and-programs/supply-chain-resilience-initiative.

③ Australian Government Department of Home Affairs. "Critical Technology Supply Chain Principles". https://www.homeaffairs.gov.au/reports-and-publications/submissions-and-discussion-papers/critical-technology-supply-chain-principles.

风险、灾难风险等外部风险是影响供应链安全的主要因素[1];杨宝华运用了博弈分析法,证明供应链中断风险存在的"累及效应"使得单个企业进行风险管理的意愿下降,因此需要外部监管力量或企业间的相互制衡来推动风险相关的供应链企业采取防范措施,确保供应链安全[2];李浩丽(Hau L. Lee)和黄承进(Seungjin Whang)认为可以将全面质量管理原则用于设计和操作流程,以确保供应链的安全,通过适当的管理和运营设计,可以以更低的成本实现更高的供应链安全[3];拉维·萨拉希(Ravi Sarathy)认为应该对供应链进行安全性设计,而不是在意外事件发生后再寻求减轻损失,重新设计供应链使其变得更稳定和有韧性,有助于避免和减轻供应链中断带来的影响[4];雷征和王海军则认为通过制造冗余和提高灵活性,可以增强企业从供应链中断中恢复的能力,从而实现供应链安全[5]。可以看出,经济学和管理学领域的学者对供应链安全的研究主要集中于贸易、技术、管理层面,其研究成果为企业和政府制定供应链安全政策提供了智力支持。

政治学学者(主要是国际关系学学者)对供应链安全问题的研究则主要基于权力分析,研究内容侧重于供应链安全对国家战略和国际关系的影响。如苏杭和于芳在解析全球产业链、供应链重构表现的基础上,对日本强化产业链、供应链安全保障的考量和举措进行了归纳总结,并认为其举措将加速亚洲产业链、供应链的重构进程,恶化地区产业链、供应链的合作氛围,冲击中日产业链、供应链的合作基础[6];龚婷通过梳理美国构建"供应链联盟"的背景和进展,提出美国的这一行为实质上依然是"美国优先",并将带来更多全球化"逆流"和对华"脱钩"风险[7];王浩和宋天阳则通过构建统合内政——

---

[1] Stephan M. Wagner, Christoph Bode."An Empirical Investigation into Supply Chain Vulnerability", *Journal of Purchasing and Supply Management*, Vol.12, No.6, 2006, pp.301-312.
[2] 杨宝华:《供应链中断风险管理的博弈分析》,《统计与决策》,2011年第18期,第173—175页。
[3] Hau L.Lee, Seungjin Whang. "Higher Supply Chain Security with Lower Cost: Lessons from Total Quality Management", *International Journal of Production Economics*, Vol.96, No.3, 2005, pp.289-300.
[4] Ravi Sarathy."Security and the Global Supply Chain", *Transportation Journal*, Vol.45, No.4, 2006, pp.28-51.
[5] 雷征,王海军:《基于突发事件的供应链恢复能力研究》,《商品储运与养护》,2007年第3期,第35—37页。
[6] 苏杭,于芳:《全球产业链、供应链重构背景下日本供应链安全保障的新动向》,《日本学刊》,2022年第1期,第90—106页。
[7] 龚婷:《美国政府推动构建"供应链联盟"之评析》,《美国问题研究》,2022年2月,第1—31页。

外交双重逻辑的分析折中主义框架,对拜登政府国家供应链安全战略进行了分析,认为其战略在冲击全球供应链体系、加剧逆全球化与深化中美竞争的同时,也面临着美国内部经济压力与政治极化、外交上联盟内部张力及战略上产业技术分工市场规律的结构性制约[①];张立和罗瑶对美日印澳四国供应链安全合作的进展和前景进行了探析,认为四国排他性的供应链安全合作将影响国际供应链稳定,驱动全球供应链重构加速,恶化中国外部环境[②];铃木弘之(Hiroyuki Suzuki)认为新冠疫情和中美之间的战略竞争,增加了印太地区企业供应链的脆弱性,日本应带头创造一个自由、公平、包容、透明的贸易和投资环境,增强供应链韧性[③];法拉·纳兹(Farah Naz)和马丁·基尔(Martin Kear)则分析了俄乌冲突造成的全球能源和粮食供应链破坏对南亚地区的影响,认为俄乌冲突加剧了发展中经济体的不安全[④]。这些研究表明,供应链安全问题并非只是单纯的经济管理问题,也是国家内政、外交领域的重要问题,因此必须重视外交政策、政治环境对供应链安全的影响。

随着澳大利亚对供应链安全重视程度的提高,已有部分学者(主要是澳大利亚的学者)对澳大利亚供应链安全问题进行研究,如彼得·德雷珀(Peter Draper)等分析了澳大利亚过度依赖中国市场所引发的供应链安全问题,认为必须将政治因素纳入到供应链风险管理的思考中去[⑤];约翰·科因(John Coyne)等认为新冠疫情、自然灾害和"胁迫性"贸易伙伴关系等暴露了澳大利亚供应链的脆弱性,政府应该与企业建立更紧密的合作以增强

---

① 王浩,宋天阳:《统合内政—外交双重逻辑——中美竞争背景下拜登政府国家供应链安全战略》,《美国研究》,2023年第1期,第82—112页。

② 张立,罗瑶:《美日印澳供应链安全合作的进展、前景及影响探析》,《印度洋经济体研究》,2022年3月,第67—83页。

③ Hiroyuki Suzuki. "Building Resilient Global Supply Chains: The Geopolitics of the Indo-Pacific Region", *Center for Strategic and International Studies*, February 2021.

④ Farah Naz, Martin Kear. "Impact of Ukraine War on Global Energy and Food Supply Chains", *Strategic Studies*, Vol. 42, No. 2, 2022, pp. 38-53.

⑤ Draper Peter, McDonagh Naoise, Lacey Simon. "Supply Chain Security and Australia in the Context of Resilience, Robustness and Diversification", The University of ADEAIDE, September 2020.

供应链的韧性[1];安德鲁·道斯(Andrew Dowse)和约翰·布莱克本(John Blackburn)则通过分析新冠疫情对国防供应链的影响,提出澳大利亚政府应评估关键基础设施供应链的风险并将其降低至可接受的水平[2]。以上研究主要聚焦于探讨澳大利亚供应链的脆弱性来源以及应对措施。我国学者对澳大利亚供应链安全问题的研究则相对欠缺,但对美国拜登政府的供应链政策的研究已经非常充分,为研究澳大利亚供应链战略提供了基础和参考。鉴于澳大利亚在印太地区的"关键节点"地位,以及其在供应链安全上具有联美制华的战略取向,有必要对澳大利亚供应链安全战略予以高度重视和深入研究,及时掌握澳大利亚供应链安全战略的发展动向,以制定中国的因应之策、保障中国供应链安全。

二、澳大利亚强化供应链安全的举措

为防范供应链中断带来的风险,澳大利亚政府积极采取措施,提高澳大利亚供应链韧性,并将提升国内供应链竞争力与数字化水平、建立多元化的国际供应链体系、增强经济抗风险能力作为保障供应链安全稳定的重要支柱。

(一) 提升国内供应链竞争力与数字化水平

首先是通过财政拨款推动关键产业的国内生产,提振制造业,保障"主权能力"。2020年10月,澳大利亚政府宣布实施"现代制造战略"(Modern Manufacturing Strategy,MMS),将资源技术和关键矿产加工、食品和饮料、医疗产品、回收和清洁能源、国防以及太空这六大具有比较优势和战略重要性的领域确认为未来优先发展的重点领域,并计划在四年内为其提供高达15亿澳元的财政拨款,以帮助澳大利亚制造商扩大生产规模、增强国际竞争力、融入地区和国际供应链市场。同时,澳大利亚政府还设立了制造现代化基金(Manufacturing Modernisation Fund,MMF),帮助中小型制造企业实现技术创新和产业创新,为优先领域的中小型制造商提供最高100

---

[1] Dr John Coyne, Gill Savage, Michael Shoebridge. "New Beginnings Rethinking Business and Trade in an Era of Strategic Clarity and Rolling Disruption", *Australia Strategic Policy Institute*, September 2021.

[2] Andrew Dowse, John Blackburn. "Improving Supply Chain Resilience Through Preparedness", *Security Challenges*, Vol.16, No.4, 2020, pp.82-98.

万澳元的补助。截至2023年4月,澳大利亚政府已为MMF提供了三轮拨款,预算分别为5 000万澳元、5 280万澳元、5 390万澳元。在政府补贴的激励下,澳大利亚部分关键产业制造商扩大了国内生产规模,如澳大利亚本土的医疗器械生产企业瓦克萨斯(Vaxxas),在获得拨款不久后宣布将建立新的厂房扩大贴片疫苗接种设备的产量。

其次是加快数字技术的研发和应用。2020年9月,澳大利亚财政部长宣布澳大利亚将实施"创业数字商业计划"(Job Maker Digital Business Plan),该计划将为数字基础设施建设、监管体制及标准化改革、中小企业的数字化转型等提供7.965亿澳元的资金支持。2021年5月,澳大利亚政府推出"数字经济战略2030"(Digital Economy Strategy 2030),提供12亿澳元用于数字经济基础建设、新兴技术能力建设以及数字经济增长等优先事项,其中数字技术在中小型企业中的应用属于数字经济增长优先事项之一。数字技术在企业中的应用,一方面体现在企业生产过程中,即通过对自动化设备、软件、机器人等数字技术的运用来提高生产效率;另一方面体现在供应链管理过程中,即在企业供应链管理中引入物联网、大数据、区块链、人工智能等关键技术实现企业生产和客户需求的有效对接。加快数字技术在企业中的应用、提高企业的数字化水平,有助于增强澳大利亚企业应对外部不确定性的能力,进而保障澳大利亚企业供应链的安全、稳定。受政府补贴的激励,澳大利亚电讯公司(Telstra)、伍尔沃斯集团(Woolworths Group)、博思格钢铁集团(Blue Scope Group)等企业都成功实现了数字化转型。

(二)建立多元化的国际供应链体系

首先是通过加入多种组织进行友岸外包来实现供应链多元化。2020年9月,澳大利亚同日本、印度联合提出"供应链韧性倡议"(The Supply Chain Resilience Initiative,SCRI),并于2021年4月正式启动该倡议,以加强在医疗、汽车等领域的供应链安全,对抗中国在印太地区供应链的主导地位。2021年3月,在美日印澳"四方安全对话"(QUAD)视频峰会上,澳大利亚与美日印分别就稀土供应链合作、疫苗供应链合作、关键技术供应链合作达成共识,宣布四国拟成立疫苗专家工作组以及关键和新兴技术工作组,并在9月QUAD首次线下峰会上,正式成立了"四方疫苗专家组"(Quad Vaccine Experts Group)。次年5月,在QUAD第二次线下峰会上,澳大利亚又与美日印发表了《关键技术供应链原则共同声明》(The

Common Statement of Principles on Critical Technology Supply Chains),宣布将共同塑造半导体供应链,在关键技术与设施上排除"有疑虑的供应商"。此外,在美国的推动下,2022年5月,澳大利亚作为创始成员国加入了美国主导的、具有明显价值观色彩和排他性的"印太经济框架"(Indo-Pacific Economic Framework,IPEF),该框架试图通过建立贸易、供应链、清洁经济、公平经济四大支柱,在现有条件下吸纳更多经贸伙伴,寻找供应链替代方,形成对中国的"合围",将中国排除出地区贸易体系。① 2023年5月,"印太经济框架"供应链协议谈判实质性结束,声称将在关键部门和关键产品采取多样化采购,预计将会对中国的供应商产生排斥作用,给中国带来负面影响。

其次是以疫情为契机加深与东南亚、太平洋岛国的合作,以近岸外包实现供应链多元化。2020年5月,澳大利亚政府出台了一项名为"复苏伙伴关系"(Partnerships for Recovery)的国际发展政策,为澳大利亚应对印太地区新冠疫情所造成的挑战制定框架,澳大利亚与其邻近地区的接触是该政策的关注重点,其中东南亚和太平洋岛国被认为是澳大利亚应优先考虑的合作伙伴。在该项政策的指导下,2020年9月,澳大利亚政府出台了"东盟与东南亚新冠发展应对计划"(ASEAN and Southeast Asia COVID-19 Development Response Plan),以疫情为契机深化与东南亚国家在经济复苏、建立有韧性的供应链上的合作。2021年10月,澳大利亚与东盟将双方关系升级为全面战略伙伴关系后,双方合作进一步拓展。2022年11月,在澳大利亚—东盟第二届峰会上,澳大利亚总理阿尔巴尼斯宣布政府正在制定"东南亚经济战略2040"(Southeast Asia Economic Strategy to 2040),规划同东南亚在关键产业上的贸易和投资,促进关键产业供应商多样化,增强企业供应链韧性。此外,澳大利亚与太平洋岛国的经济合作也在新冠疫情期间得到进一步拓展。2020年12月,在经过了19年的磋商后,澳大利亚、新西兰与8个太平洋岛国所签署的《建立更紧密的太平洋伙伴关系协议》(Pacific Agreement on Closer Economic Relations Plus,PACER Plus)正式生效。该协议将为不同行业的澳大利亚出口商和投资者提供商业机会,促进澳企对太平洋岛国的出口和直接投资,增强企业供应链韧性。截至

---

① 人民网:《美国"印太经济框架"是什么货色?》,2022年3月19日。http://world.people.com.cn/n1/2022/0319/c1002-32378824.html,访问时间:2023年4月20日。

2021年底,澳大利亚与东盟的贸易额已从2019年的871亿美元增至1271亿美元,澳大利亚同太平洋岛国的贸易额也得到了提升。

(三)增强经济抗风险能力

首先是建设安全、可靠、有韧性的国家货运体系。货运体系安全、可靠是供应链安全的基础。2019年8月,澳大利亚运输和基础设施委员会正式通过了"国家货运和供应链战略"(National Freight and Supply Chain Strategy),为企业提供安全、可靠和可持续的运营环境是该战略的目标之一。新冠疫情暴发后,为了降低供应链中断造成的影响,提升企业的抗风险能力,澳大利亚政府以"国家货运和供应链战略"框架为指导,于2020年4月启动了"内陆铁路改善计划"(Rail Interface Improvement Program),为企业通过国家货运网络连接到更广阔的市场创造机会。2020年7月,澳大利亚内阁批准了《货运协议》(Freight Movements Protocol),以确保在新冠疫情期间货物继续安全跨境流动。2021年5月,澳大利亚基础设施和交通部部长批准了《国家城市货运规划原则》(National Urban Freight Planning Principles),该原则通过指导各级政府的土地使用决策,来改善澳大利亚大都市区的货运规划。2022年8月,澳大利亚政府建立了"国家货运数据中心"(National Freight Data Hub),为企业提供及时的货运数据,帮助企业在风险发生时形成调整供应链的决策,增强企业的供应链韧性。受益于"国家货运和供应链战略",2021年7月,澳大利亚生产力委员会(Australian Government Productivity Commission)发表的《供应链脆弱性研究报告》显示,"尽管澳大利亚的货运和物流在新冠期间有所延误,运输成本有所增加,但依然具有韧性"。

其次是重视物资储备。在澳大利亚企业库存管理中引入"最低库存义务"(Minimum Stockholding Obligation)概念,增加有中断风险且难以实现替代的关键领域的物资储备,增强企业抗风险能力。以液体燃料为例,为确保在紧急情况下燃料厂商仍能够持续供应燃料,一方面澳大利亚政府通过出台《2021年燃料安全法》(The Fuel Security Act 2021)、《2022年燃料安全(最低库存义务)规则》[The Fuel Security (Minimum Stockholding Obligation) Rules 2022]规定了液体燃料的"最低库存义务",即确保澳大利亚的主要燃料进口商和炼油厂的汽油最低能供应24天、柴油最低能供应20天、喷气燃料最低能供应24天;另一方面澳大利亚政府在2020年全球油价暴跌之际,购买了9400万澳元的原油,建立了澳大利亚紧急石油储备,成为了拥有石油储备的国家。

三、澳大利亚强化供应链安全的动因

新冠疫情、俄乌冲突等国际突发事件的冲击暴露了澳大利亚供应链的潜在脆弱性,加之中美贸易摩擦加剧,地缘政治风险与日俱增,澳大利亚基于联美制华的考虑,选择追随美国,重塑供应链,将供应链视为打压、限制中国的战略工具。

（一）经济安全:应对供应链脆弱性

澳大利亚政府2021年7月发布的《供应链脆弱性研究报告》(*Vulnerable Supply Chains Productivity Commission Study Report*)明确指出,有韧性的供应链是澳大利亚经济良好运行的重要组成部分。保障澳大利亚的经济安全、应对供应链的脆弱性,是澳大利亚实施供应链安全战略的直接原因。

澳大利亚供应链的脆弱性来自三个层面:首先,从宏观层面上来看,新冠疫情、中美贸易摩擦、俄乌冲突等国际事件冲击使得全球供应链发展环境发生剧变,加剧了全球供应链的脆弱性。一方面,新冠疫情暴发导致的供应链中断及其严重后果暴露出过去即时生产、即时采购等供应链管理模式的缺陷,全球供应链"长鞭效应"[①]在新冠疫情中不断显现。另一方面,中美贸易摩擦、俄乌冲突的外溢效应使得全球供应链面临更多的不确定性,地缘政治风险成为供应链决策的重要因素。由于中美两国是世界上最大的两个经济体,两国经贸关系的紧张会向世界市场传递中美经济"脱钩"以及全球贸易体系衰退的强烈信号[②],严重挫伤全球商业和金融市场的投资热情,扰乱全球供应链。而俄乌冲突引发的西方世界对俄制裁和俄罗斯反制裁导致粮食、能源、关键矿产、半导体等多种产品供应链中断,进一步扰乱了众多产品的跨境流动。

其次,从中观层面来看,澳大利亚制造业缺乏竞争力加剧了国内供应链

---

① 即当供应链上的各节点企业只根据来自其相邻的下级企业的需求信息进行生产或者供应决策时,需求信息的不真实性会沿供应链逆流而上,产生逐级放大的现象。
② 苏杭,于芳:《全球产业链、供应链重构背景下日本供应链安全保障的新动向》,《日本学刊》,2022年第1期,第97页。

的脆弱性。第二次世界大战结束后,大量移民涌入澳大利亚形成的人口增长,以及经济恢复导致就业和收入的增长,使澳大利亚国内对制造品的需求持续高涨。加之当时的澳大利亚政府为挽救国际收支不利局面所实行的进口限制和保护制造业的政策,澳大利亚的制造业实现了全面而迅速的增长。至20世纪60年代,制造业生产占澳大利亚GDP的比重一度高达29%。[①]然而,由于澳大利亚制造业中的各行业多被寡头企业所垄断,企业之间缺乏竞争从而导致创新性不足、生产效率日渐低下,生产的产品不仅质量次而且价格贵。20世纪90年代,在经济全球化的推动下,随着大量物美价廉的进口商品涌入澳大利亚市场,许多澳大利亚本土制造企业因为竞争力不足、劳动成本过高而濒临破产,澳大利亚国内人民生活、经济发展所需的工业产品大部分都外包给了海外企业生产。到2020年,制造业占澳大利亚GDP的比重已降至6%。

最后,从微观层面来看,澳大利亚企业内部供应链管理的固有缺陷加剧了企业供应链的脆弱性。一是采购来源单一。在全球化分工的背景下,为了降低成本、提高效率,许多澳大利亚企业整合了他们的供应商,在关键投入的替代供应商方面未保留后备选择。单一的采购来源使澳企在面对区域性突发状况导致的供应链中断、供应商产能不足、采购价格剧烈波动等情况时具有较高的风险。二是澳大利亚企业供应链数字化、可视化程度不高。在经历了近30年的经济扩张之后,澳大利亚企业缺乏制造业大企业面临的实现供应链现代化和数字化的推动力。高度依靠人工、上下游阶段可视化程度低的供应链依然存在。斯威本理工大学(Swinburne University of Technology)发布的《澳大利亚供应链技术调查报告》(*The 2018 Australian Supply Chain Tech Survey Report*)显示,超过70%的澳大利亚企业不使用通用的供应链技术,从而导致澳企无法及时评估业务连续性面临的风险。

(二)战略投机:追随美国,重塑供应链

美国供应链安全战略的出台和调整是澳大利亚出台供应链安全相关战略的最大外部因素。

特朗普政府时期,中美贸易摩擦加剧,为了在中美战略竞争中"竞赢"中

---

① 骆介子:《澳大利亚建国史》,北京:商务印书馆,1991年,第234—235页。

国,美国开启了在经济、政治、外交等方面的对华全方位的打压,其中在经济上,特朗普政府制定了对华"脱钩断链"政策,而降低关键产品和行业在供应链上对中国的依赖、重塑全球制造业供应链是美国对华"脱钩断链"政策的主要内容之一。拜登上台以后继承并强化了特朗普政府重塑全球制造业供应链的政策,形成了明确的供应链战略,即对内整合资源,促进制造业回流内迁,将供应链整合打造为提振经济的重要抓手;对外以增强"供应链韧性"为契机,积极拉拢盟友打造双边和小多边联盟,通过将产业链转移至"近岸"生产或"友岸外包",减少在供应链上对中国的依赖①。

美国政府强化供应链安全的动向,使澳大利府认识到供应链安全在地缘政治和国家竞争中的重要作用。追随美国出台供应链安全政策,加入美国主导的供应链联盟体系,一方面有助于夯实澳美同盟关系,降低澳大利亚在澳美同盟困境中被抛弃的风险;另一方面有助于确立澳大利亚在全球供应链体系重构后的优势地位。对此,澳大利亚在供应链安全战略上与美国保持高度一致。一是与美国在供应链安全领域进行双边合作,如在稀土精炼方面进行合作,推动实施"美国—澳大利亚关键矿产资源行动计划"。二是积极参与美国主导的各种小多边联盟和供应链同盟体系,如"四方安全对话""民主科技联盟"以及"印太经济框架"等。

三、疑惧心理:降低对华供应链依赖

由于政治、经济等多方面的原因,与其他亚太国家相比,澳大利亚对华有着较强的威胁认知和疑惧心理,这也成为澳大利亚实施旨在降低对华供应链依赖的重要原因。

首先,受地理与文化的错位、地广人稀而海岸线漫长等因素的影响,澳大利亚一直以来都对亚太近邻国家有着安全焦虑。其次,中国与澳大利亚的政治文化差异、意识形态差异、实力差距,以及近年来中国对南太平洋岛国影响力的增强,被澳大利亚视为对其地缘政治的威胁、冲击,加深了澳大利亚的不安全感。最后,在 2020 年开始的中澳贸易摩擦中,中国对澳大利亚的贸易反制更是"坐实"了一直以来在澳大利亚国内弥漫的"中国威胁论""经济胁迫论",使澳大利亚的不安全感愈发强烈。这些不安全感加强了澳

---

① 孙成昊,申青青:《拜登政府的供应链重塑战略:路径与前景》,《美国研究》,2023 年第 1 期,第 114 页。

大利亚对华的疑惧心理和威胁认知,使其在供应链上寻求降低对华依赖。2020年,英国亨利·杰克逊协会(Henry Jackson Society)发布的研究报告显示,澳大利亚在595类商品上战略依赖中国,其中167个应用在关键的国家基础设施中。2020年5月,澳大利亚外交、国防和贸易委员会,以研究新冠疫情的影响为由,对澳大利亚供应链风险进行审查,审查结果指出,在地缘政治紧张局势日益加剧的背景下,澳大利亚供应链存在脆弱性,其中特别指出要考虑到从中国进口的关键产品的脆弱性,这更加深了澳大利亚降低对华依赖的动机。因此,在面对美国以供应链重构的方式构筑对华"小院高墙"时,澳大利亚政府也开始效仿美国,寻求在供应链上降低对"有地缘政治风险"的国家和地区(主要是中国)的依赖,以提升澳大利亚供应链的安全性。

四、澳大利亚供应链安全战略的影响

在供应链安全问题上,澳大利亚以"去风险化"为名,行"去中国化"之实,势必对澳大利亚自身、中澳经济往来以及印太地区供应链的稳定性带来一定影响。

(一)改变澳大利亚贸易结构

在全球贸易环境不确定性、不稳定性加剧、供应链风险陡增的背景下,澳大利亚通过出台供应链安全战略,有效提升应对经济风险能力,以减少外部冲击,保持供应链的稳定性。鉴于澳大利亚制造业竞争力不强是其供应链脆弱性的根源,澳大利亚政府在通过财政拨款积极推动国内重振制造业的同时,也意识到其无法"面面俱到"地提升国内所有制造业的全球竞争力,因此将战略重点聚焦于对澳大利亚经济和人民生活有重要影响的六个关键领域,其目的在于确保供应链的"主权能力"。[①] 自2020年澳大利亚推动国内重振制造业以来,澳大利亚制造业的盈利额已从2020年的12.83亿澳元,增至2021年的76.33亿澳元[②],重振制造业初见成效。澳大利亚政府的

---

① ABC NEWS."Australian Manufacturing Industry to Be Bolstered to Help Coronavirus Recovery, Prime Minister Scott Morrison Says", October 1, 2020. https://www.abc.net.au/news/2020-10-01/australia-manufacturing-industry-bolstered-coronavirus-recovery/12721828.

② Australian Bureau of Statistics. Australian Industry, May 28, 2021. https://www.abs.gov.au/statistics/industry/industry-overview/australian-industry/2019-20.

供应链安全战略使制造业结构、经济结构、贸易结构都因此而改变,其工业制成品的进口份额占贸易进口额的比重减少,澳大利亚供应链的韧性一定程度上得到增强。

(二)冲击中澳供应链合作基础

过去澳大利亚的供应链布局受资源最优配置驱动,受市场逻辑支配。澳大利亚与中国经济上的高度互补为两国的供应链合作建立了良好的基础,中国在制造业上所具有的比较优势使得中国成为了澳大利亚进口工业产品的最大来源地。将生产外包给中国企业符合澳企的经济利益,有助于澳企资产配置效率的提高。然而澳大利亚政府出台供应链安全相关战略政策,对澳企的供应链布局进行人为干预,通过推行供应链安全计划(SRCI)支持澳企将供应链更多地布局于日、印等友岸国家。将供应链问题政治化、安全化、武器化的举措,不可避免地增加澳企将生产外包给中国的隐性成本,迫使澳大利企业将供应链转移到"友岸国家"而非中国,这无疑又将增加澳企的生产成本。按照一般经济规律,供应链风险最好由具有减轻风险的直接动机的行为者管理,通常这意味着由公司而不是政府对供应链布局进行调整。不必要或不适当的政府行政干预会导致企业经营负担的加重,造成市场资源配置功能的紊乱。澳大利亚旨在减轻对华依赖的供应链安全战略,使得澳企不得不在政府政策和市场利益之间进行艰难平衡,这将严重冲击中澳两国供应链合作的基础,加剧中澳经济"脱钩断链"风险,为双方经济合作的可持续发展投下阴影。

(三)加速印太地区供应链重构

近些年来,全球供应链都以效率最大化为目标不断发展。然而,随着中国劳动力成本的上升、特朗普政府时期中美贸易摩擦造成的贸易环境的剧变,部分在印太地区投资生产的跨国企业开始推动分散化生产,印太地区的供应链布局开始缓慢重构。新冠疫情的爆发、地缘政治局势的紧张、中美贸易摩擦加速了这一进程。尽管中国仍然是世界制造业第一强国,但印太地区的其他经济体正在迅速崛起,印度、马来西亚、泰国、新加坡、越南等国已成为跨国公司进行供应链重构的替代性投资对象。随着澳大利亚供应链安全战略的实施,其推动制造业回流、加强与"友岸"国家合作、降低对中国贸易依赖的政策取向推动澳大利亚企业在印太地区供应链网络中的布局调整,一方面会为印太地区供应链的重构进程提供进一步的推动力;另一方面,也可能扰乱印太地区原有供应链体系的稳定性,恶化印太地区供应链合作氛围。

(四)恶化澳企营商环境和澳洲社会环境

在中美战略竞争长期化、各国纷纷强化自身供应链安全的形势下,全球供应链变局将变得更加复杂。全球供应链布局中,对成本管控和生产效率等经济因素的考量在下降,而对联盟安全、价值观念等政治因素的考量在上升。澳大利亚供应链安全战略的实施也主要是基于对权力与安全因素的考量。澳大利亚政府以供应链安全为由扩大了对经济市场中技术、投资者、贸易产品等的管控,强化了对经济活动的审查和干预,如限制有"地缘政治风险"的国家参与关键技术基础设施建设,进一步限制中企对澳大利亚的投资,出台法律禁止进口具有"强迫劳动"生产的产品。从长期来看,这将扭曲市场机制,降低市场经济效率,破坏澳大利亚的营商环境。同时,澳大利亚政府为推动供应链安全而推行的限制性措施,也将使得相关企业被迫调整原有的经营策略,增加企业的营业成本,而最终这些成本将转嫁给消费者,造成物价上涨、通货膨胀,增加消费者的经济负担,影响澳大利亚社会的稳定。

五、结语

增强供应链韧性、保障供应链安全是一国经济平稳运行的重要内涵,符合每个国家的经济利益,也是各国政府的责任所在。一国政府对供应链安全风险的适当管理有助于经济的良性发展。然而,澳大利亚出台和实施的供应链安全战略主要是基于霸权护持、联美制华的考量,即强化澳美同盟关系、打压防范中国,其本质是供应链问题的工具化、政治化、安全化、武器化。对此,中国应有清晰、准确的认知,立足自身,打造自主可控、安全可靠的供应链。第一,制定应对澳大利亚供应链安全战略的产业链新计划,将核心技术和供应链的关键环节掌握在自己手中,提升供应链韧性;第二,深耕与周边国家的供应链合作,以供应链的"周边化"来应对风险,通过"一带一路"合作倡议、积极落实《区域全面经济伙伴关系协定》(RCEP)、扩大南南供应链合作等措施来保障我国供应链安全稳定;第三,完善"双循环"全球供应链布局,构建以我国为主的全球供应链,同时,建立供应链安全评估体系,提升中国的供应链防控能力。

Power Seizure and Economic Security: Emerging Trends in Australia's Supply Chain Strategy

Abstract: In recent years, Australia has attached great importance to the security of supply chains and adopted various measures. Firstly, it has aimed to bolster the competitiveness and digitization of domestic supply chains. Secondly, it has pursued the establishment of a diversified international supply chain system. Lastly, it has intensified efforts to enhance economic resilience against potential risks, which in essence politicizes, securitizes, and weaponizes supply chain issues. The rationale behind Australia's supply chain security strategy stems from three primary factors. Firstly, it seeks to mitigate the inherent vulnerability of supply chains through a process of "de-risking". Secondly, it endeavors to reshape supply chains in alignment with the preservation of American hegemony. Thirdly, fueled by suspicions and apprehensions, it seeks to reduce its reliance on China. The implications of this strategy are far-reaching, poised to transform Australia's trade structure, undermine the foundations of Sino-Australian supply chain cooperation, and expedite the reconfiguration of supply chains in the Indo-Pacific region. Moreover, it holds significant consequences for China.

Key Words: Supply Chain Security; Resilience; Dependence on China

作者简介

许善品 湘潭大学马克思主义学院副教授,博士,硕士生导师。

龙轶群 湘潭大学马克思主义学院2021级国际关系专业硕士研究生。

论澳大利亚碳定价政策：
变迁历史、过程分析和前景展望

陈瑞琼

摘要：为了缓解气候变化风险，2012年7月，澳大利亚政府开始执行碳定价政策，以期通过该政策来遏制温室气体排放，但是该政策仅在两年后便被废除。本文探讨了澳大利亚政府推出碳定价政策的背景，并从政策环境、执行主体、执行对象以及政策设计等四个层面分析了澳大利亚碳定价政策被废除的原因，指出2014年以后的澳大利亚政府为了规避碳定价政策带来的政治风险，选择通过政府补贴、技术革新和能源开发等政策来主导减排行动，但是这些政策难以帮助澳大利亚政府如期实现在《巴黎协定》中承诺的减排目标。澳大利亚气候变化治理面临着问题严峻、应对不足的困境。澳大利亚政府需要突破传统气候变化治理框架的束缚，在总结2012—2014年碳定价政策实践经验的基础上，探索再次推出碳定价政策的可能性。

关键词：澳大利亚；碳定价；减排；气候变化治理

一、引言

澳大利亚面临着严峻的气候变化风险。作为孤悬太平洋南端的岛国，澳大利亚的气候变化风险不仅来自气候变化引发的极端天气时间延长和海平面上升，而且澳大利亚的经济和社会发展也直接或间接受到气候变化风险的冲击。①

澳大利亚的自然生态系统对气候变化的敏感度比较高,澳大利亚极端火灾天气和火灾季节的持续时间均因此延长,气候状况(如气温、降水)和极端气候变化(如热带气旋、暴风雨)②都出现了剧烈的波动。从澳大利亚的经济发展来看,澳大利亚的旅游、保险和贸易等行业都因为气候变化带来的极端天气而遭受重创。③ 从社会发展的角度来说,气候变化引起的夏季高温和冬季严寒等都威胁着澳大利亚人的身体健康,周边太平洋诸岛也因气候变化面临着严峻的生存困境。④ 作为南太平洋地区的主导国家以及太平洋岛国最主要的援助国家,澳大利亚也面临着通过经济援助或者接受难民等方式来维护地区稳定的压力。澳大利亚人深切感受到气候变化的严峻性,增加了对气候变化问题的关注,也呼吁澳大利亚政府在应对气候变化方面采取切实的行动。除了本国面临着的气候变化危机,国际社会也要求澳大利亚承担起气候变化治理的责任,《巴黎协定》督促着各国政府制定并采取行动完成本国的减排目标,澳大利亚确立了在 2050 年实现碳中和的减排目标。

为了实现碳中和、碳达峰的减排目标,国际社会普遍采用碳定价工具来控制二氧化碳等温室气体的排放。包括碳税、碳排放权交易和碳信用,尤其是碳税和碳排放权交易,被认为是减排的强有力工具。从理论上来说,碳税和碳排放权交易对温室气体排放的价值和排放量的影响是相同的,并且都可以增加政府的收入,二者区别在于:一方面,在碳税制度下,碳价格是稳定的,但是碳排放量会出现剧烈的波动,相反,在碳排放权交易制度下,碳排放量是稳定的,但是碳交易价格是不稳定的;另一方面,从政治持久性上来说,碳排放权交易可以通过给企业颁发免费许可而具有操作上的协调空间,但是碳税通常是依托于政府原有的税收机制运作,容易受到政府换届和党派

---

① 郜若素:《澳大利亚面临气候变化风险》,张征译,《中国社会科学院报告》,2008 年 12 月 2 日第 9 版。
② 李祝,王松林,曾炜:《适应与减缓气候变化》,科学出版社,2019 年,第 26 页。
③ Guy Debelle."Climate Change and the Economy," 12 March 2019. https://www.rba.gov.au/speeches/2019/pdf/sp-dg-2019-03-12.pdf,10 September 2021.
④ Sharon Mascher, David Hodgkinson."Australia:From'No Regrets' to a Clean Energy Future?",*Climate Change and the Law*,Vol.21,June 2021,pp.567-584.

之争的影响。① 碳信用被引入碳排放权交易体系中,作为碳交易市场的补充工具而被广泛使用。

作为人均二氧化碳排放量最高的发达国家之一,加上本国深受气候变化的影响,澳大利亚理应采取有力的减排行动,也曾经试图采取碳定价政策来实现减排目标。但是作为以能源产业为经济支柱的国家,澳大利亚在碳定价政策的制定和执行过程中始终呈现出摇摆不定的态势,反映了澳大利亚在通过碳定价政策以履行全球义务和维持本国传统经济发展模式之间的撕裂。

二、澳大利亚碳定价政策的变迁

自1983年塔斯马尼亚州富兰克林大坝争端成为澳大利亚联邦选举的重要议题以来,环境保护议题一直成为澳大利亚历届政府的议事日程的一部分,但是澳大利亚的气候变化治理之路并不顺畅。

(一)霍华德及其以前澳大利亚的气候变化政策

20世纪80年代后期,国际社会已经普遍认识到国际合作解决全球气候变化问题的必要性。当时澳大利亚总理霍克大力支持应对气候变化的国际行动,接受发达国家应在气候变化问题上起带头作用的观点,作出到2005年前将澳大利亚的温室气体排放减少20%的减排承诺,被认为是同时期力度最大的减排目标之一,澳大利亚在这一时期成为全球气候变化治理合作的倡议者和领导者。② 但是霍克的继任者基廷对气候变化问题并不热衷。虽然基廷政府同意签署《联合国气候变化公约》,并批准了促进企业减少排放的《国家温室效应反应战略》(National Greenhouse Response Strategy)③,但在国际减排合作上,不仅同美国一道反对具有法律约束力的减排目标,而且反对排除发展中国家的减排责任,④在国内措施上,所推出

---

① 威廉·诺德豪斯:《气候赌场:全球变暖的风险、不确定性与经济学》,梁小民译,上海:东方出版中心,2019年,第309—314页。

② Matt Mcdonald. "Fair Weather Friend? Ethics and Australia's Approach to Global Climate Change," *Australian Journal of Politics and History*, Vol.51, No.2(2005), pp. 221-224.

③ 吕娜:《应对气候变化:澳大利亚的政策及策略》,华东师范大学硕士学位论文,2011年,第28页。

④ Kate Crowley. "Is Australia Faking It? The Kyoto Protocol and the Greenhouse Policy Challenge,"*Global Environmental Politics*, Vol.7, No. 4(2007), pp. 118-139.

的《国家温室效应反应战略》是基于企业自愿的原则发挥作用的,无法取得大规模的减排成果。基廷时期的气候变化政策已经有了将经济发展置于气候变化问题之上的倾向。

此后是联盟党总理霍华德的连续执政时期,霍华德政府参加了《京都议定书》的谈判,强烈反对统一的减排目标,在其他发达国家相继作出减排承诺时,澳大利亚却被允许增加8%的排放量,[①]并且要求将"土地清理"纳入澳大利亚1990年排放量的计算中,使得澳大利亚不需要采取减排行动即可完成预定的减排目标。澳大利亚政府在京都会议上的做法体现了澳大利亚在国际气候治理合作中自利和单边主义的倾向。[②] 尽管如此,霍华德政府最终还是以"损害澳大利亚经济"为由在2002年退出《京都议定书》。霍华德政府这种将经济发展置于优先位置的气候变化政策被称为是"无悔意"(No Regrets)政策,招致了澳大利亚国内外的广泛批评,澳大利亚在气候变化的国际合作中已经从最初的领先者变为落后者。

2006年,英国学者斯特恩发布的《斯特恩报告》明确了气候变化及其风险的科学性,并进一步提出,如果一个国家越早采取减排行动,那么这个国家所需要承担的减排成本就越低,这一论断使得澳大利亚国内要求对气候变化采取有力行动的呼声越来越高涨。迫于国内外舆论的压力,同年霍华德政府宣布成立了排放交易总理工作小组(the Prime Ministerial Task Group on Emissions Trading),对澳大利亚的碳减排形式和潜力进行调研和评估,该工作小组发布的最终报告建议澳大利亚采用为温室气体排放定价的政策。[③] 所有的报告都在指引澳大利亚走向碳定价减排之路。

(二)陆克文政府推行《碳污染减排计划》(CPRS)法案的尝试

2007年澳大利亚举行联邦选举,此时的澳大利亚正饱受着数年干旱之苦,山火和洪水等极端天气事件频发。澳大利亚人深刻感受到气候变化带

---

① Paul G. Harris. "Common but Differentiated Responsibility: The Kyoto Protocol and United States Policy," *N.Y.U. Environmental Law Journal*, Vol.7, No.1(1999), p.8.

② Kate Crowley. "Climate Clever: Kyoto and Australia's Decade of Recalcitrance," in Kathryn Harrison and Liza McIntosh Sundstrom, eds., *Global Commons, Domestic Decisions: The Comparative Politics of Climate Change*, Cambridge, MIT Press, 2010, pp. 201—228.

③ Warwick J. McKibbin. "The Prime Ministerial Task Group on Emissions Trading," *Agenda*, Vol.14, No.3(2007), pp.13-16.

来的深重灾害,纷纷谴责霍华德政府退出《京都议定书》,[①]要求政府采取有效措施应对气候变化。关于如何应对气候变化的问题成为工党和联盟党竞选博弈的焦点。

大选中,陆克文将气候变化描述为"我们这一代最紧迫的道德挑战",不仅提出当选后要重新签署《京都议定书》,提出新的温室气体减排目标,而且承诺将采取更加积极的政策应对气候变化,与以霍华德为首的联盟党强调经济成就而对气候变化议题依然保守的态度形成鲜明的对比。霍华德执政的十一年间,澳大利亚取得了显著的经济成就,但是霍华德政府追随美国退出《京都议定书》以及在气候变化治理方面的不作为使得澳大利亚民众对其积怨已久。最终民众对气候变化的担忧占了上风,陆克文成为澳大利亚新总理。霍华德的选举失利表明当时应对气候变化问题已经进入了澳大利亚政治的核心议题范围,经济问题有时甚至要让位于气候治理问题。[②]

成功当选澳大利亚总理后,陆克文开始积极制定计划参与全球碳减排行动。在宣誓就职总理后,陆克文兑现承诺,正式签署了《京都议定书》,在2008年颁布了建立碳交易机制计划的绿皮书,提出了作为政府气候变化政策一部分的《碳污染减排计划》(CPRS),计划基于市场的总量控制和交易方法来为碳排放定价,以20~40澳元/吨的碳价格为基础建立起碳排放交易机制(Emissions Trading Scheme),实施对象包括年直接排放量超过2500吨的约1000家企业,覆盖了澳大利亚温室气体排放总量的75%。为了减轻企业的负担,陆克文提出以财政援助或免费颁发许可证的方式为相关企业提供帮助。

根据澳大利亚联邦宪法规定,新的法案必须经过参众两院通过才能生效。当时在参议院的76个席位中,工党只有32个席位,工党政府要想推动CPRS法案在参议院的顺利通过,必须要取得其他党派对CPRS法案的认可。联盟党领袖特恩布尔虽因其特殊的任职经历[③]对陆克文政府的CPRS法案表示支持,但是他的表态遭到联盟党内部的强烈谴责和反对,2009年特恩布尔在党内党首投票中败北,强烈反对CPRS法案的托尼·阿博特成为新的联盟党党首。作为以维护生态利益为主旨的政党,绿党一直都是支

---

① 李伟,何建坤:《澳大利亚气候变化政策的解读与评价》,《当代亚太》,2008年第1期。
② 丁斗:《2007年以来的澳大利亚气候政治》,《国际政治研究》(季刊),2011年第3期。
③ 特恩布尔曾经在霍华德政府时期担任环境和水资源部部长,在气候变化问题上持开放态度。

持澳大利亚出台减排法案,但 CPRS 法案中允许政府为企业免费颁发无限的排放许可证的条款引发绿党的疑虑,因此也拒绝支持该法案。由于无法取得联盟党和绿党的支持,CPRS 法案两次都未能在参议院通过。在哥本哈根气候变化大会上澳大利亚也未能取得建设性成果,陆克文的民意支持率持续下跌,工党政府决定将 CPRS 法案暂时搁置。为了能够在 2010 年大选取得胜利,挽救对工党不利的选举局势,工党重新选举党内领袖,推选吉拉德取代陆克文担任工党领袖。

(三) 吉拉德政府的碳定价政策实践

在 2010 年的澳大利亚联邦大选中,没有任何政党获得够数的法定组阁席位,出现了自 1940 年以来的第一次"悬浮议会",最终工党成功争取到绿党和三名独立议员的支持,以微弱的优势获得组建新政府的权力。在与绿党达成的协议中,吉拉德承诺在其执政期间会将应对气候变化的政策作为优先事项。大选过后,工党和绿党双方开始就新的"碳定价计划"进行磋商,最终在 2011 年 11 月 8 日推出了以固定碳价格为开始、分阶段在澳大利亚建立碳排放权交易制度的碳定价政策。如果说陆克文推行 CPRS 法案是履行竞选时的承诺,那么吉拉德在上任之后推出碳定价政策,则是对自己竞选时承诺的违背——吉拉德曾在竞选期间郑重承诺永不引入碳税。此举引发了人们对吉拉德"背信弃义"的强烈不满,吉拉德的支持率因为碳定价政策的出台降至其执政以来的最低点。

为了顺利地就碳定价政策的细节进行磋商,工党政府组织建立了多党派气候变化委员会(Multi-Party Climate Change Committee)。[1] 通过多党派气候变化委员会的内部磋商,工党、绿党和无党派议员就碳定价问题达成政治共识,确保在碳定价政策提交议会之前就能够获得足够多的政治支持,也为能源和矿产集团可能的游说行为设置了障碍。[2] 碳定价政策的提案最终于 2011 年 11 月 8 日在澳大利亚参议院顺利通过,明确了澳大利亚将通过征收碳税逐步形成碳定价机制(CPM)的减排路径。

如图 1 所示,澳大利亚碳价格形成有两个阶段:第一阶段是 2012 年至

---

[1] 其成员有三名来自工党,联盟党、绿党和无党派议员各有两个席位,但是联盟党拒绝参加。
[2] Kate Crowley. "Irresistible Force? Achieving Carbon Pricing in Australia," *Australian Journal of Politics and History*, Vol.59, No.3(2013), pp.368-381.

2015年的固定碳价格阶段,以23澳元/吨为碳定价的初始固定价格,按照2.5%的年增长率在此后的年度(2013—2015年)逐步提高。固定价格阶段没有排放上限,政府以固定价格发放数量不限的许可证,排放密集出口贸易型(Emissions-Intensive Trade-Exposed)企业将免费获得大量的排放许可证;第二阶段是限额与交易阶段(2015—2018年),澳大利亚开始实施浮动碳价,政府规定碳价格的上限和下限,具体的碳价格将由市场供需状况决定。① 国内碳交易市场的建设完成后,澳大利亚碳交易市场将在2018年与欧盟碳交易市场挂钩,两个市场实施统一的碳价格,实现澳大利亚碳交易市场的国际化。这一碳定价政策实际上是将排放权交易机制和碳税相结合的一种混合方案,以三年固定价格阶段作为过渡期,在澳大利亚逐步建立起排放权交易机制。

图1　澳大利亚碳定价政策阶段示意图

为了缓解碳定价可能给澳大利亚企业和民众生活带来的压力,吉拉德政府的碳税制度实行税收的中性原则,征收碳税的同时降低其他税种的税收,并且积极建立支持和补偿机制,包括实施就业和竞争计划,向排放密集的出口贸易行业提供援助,投入3亿澳元用于支持钢铁行业的转型计划,设立能源和安全基金帮助排放最为密集的燃煤发电行业过渡到更清洁能源的生产状态,增加对退休老人、失业者、贫困家庭等政府援助对象的资金补贴,建立气候变化管理局,为进一步的气候变化政策提供建议等一系列措施。②

---

① 陆燕,付丽,张久琴:《澳大利亚〈2011清洁能源法案〉及其影响》,《国际经济合作》,2011年第12期。
② "Carbon Tax Legislation Becomes Law". https://australianpolitics.com/2011/12/09/carbon-tax-legislation-becomes-law.html,10 September 2021.

尽管制定了详细的援助计划,吉拉德政府的碳定价政策还是面临着来自反对党和相关利益集团的强烈抵制。出于对碳价影响经济和生活的担忧,澳大利亚企业和民众对碳定价政策的质疑情绪也不断上升,严重影响了吉拉德政府的民意支持率,卷土重来的陆克文在工党内部发起了党首之争。2013年6月,陆克文取代吉拉德重新成为工党领袖和澳大利亚总理。陆克文重新上台后,计划在2014年6月30日结束固定碳价格阶段,提前进入浮动碳价格阶段,预计2014年7月的碳价格将从24.77澳元下降至6澳元,这将大大降低企业的碳排放成本。① 但这一政策调整使得碳定价政策的不确定性大大增强,以至于澳大利亚国内没有企业再愿意参与其中。此时,工党和联盟党在碳定价问题上对立严重,联盟党主席阿博特将碳定价政策称为"有毒的税收",夸大和宣扬碳定价政策给澳大利亚经济带来的冲击,将碳定价政策作为打击工党政府、夺取选取胜利的政治工具,扬言自己若上台执政便会废除碳定价政策,这直接导致2013年大选成为碳定价政策生死攸关的转折点。② 联盟党赢得了2013年9月7日大选的胜利,一向主张废除碳税的阿博特成为新一任的澳大利亚总理。

(四)阿博特政府废除碳定价政策

阿博特是气候变化怀疑论者,在其执政时期,澳大利亚政府表现出优先考虑国内政治因素的特殊倾向,尤其是优先重视公众舆论的反应,这导致了阿博特政府的政策具有短期导向性。在这一时期,人们关注更多的是碳定价对经济带来的消极影响,而忽略了澳大利亚在气候变化治理问题上的国际义务,在遏制温室气体排放问题上十分消极,澳大利亚政府在具体的气候变化政策上也表现出短视和回避国际责任的特点。③ 在国际上,阿博特政府没有派遣部长级代表参加2013年华沙气候变化大会,拒绝在华沙会议上

---

① Reuters. "Australia Plans to Scrap Carbon Tax, Bring Forward Trading Scheme". 16 July 2013. https://www.reuters.com/article/us-australia-carbon/australia-plans-to-scrap-carbon-tax-bring-forward-trading-scheme-idINBRE96F02E20130716,10 September 2021.

② Myra Claire Gurney. "'The Great Moral Challenge of Our Generation': The Language, Discourse and Politics of the Climate Change Debate in Australia 2007-2017," *Western Sydney University Thesis Collection*, p.10.

③ Matt McDonald. "Australian Foreign Policy under the Abbott Government: Foreign Policy as Domestic Politics?" *Australian Journal of International Affairs*, Vol.69, No.6(2015), pp.651-669.

作出履行出资义务的新承诺,这种回避国际责任的做法遭到其他国家的批评和指责。在内政上,就职后不久,阿博特就公布了废除碳定价政策的立法草案。不过,阿博特要成功废除碳定价政策,需要在工党和绿党联合议席较联盟党占多数的参议院取得足够的支持①,面临着不小的阻碍。

2013年大选中,由于没有一个政党在参议院中占据多数席位,澳大利亚的边缘党帕尔默联合党(Palmer United Party)凭借3个参议院席位,成为阿博特能否成功废除碳定价政策的关键。但帕尔默联合党坚持要求碳定价政策的目标企业对消费者进行退款,联盟党和帕尔默联合党未能就此达成协议,导致了联盟党废除碳定价政策的多次提案都未能在参议院通过。最终阿博特和帕尔默联合党就修正案达成共识,参议院以39∶32通过废除碳定价法案的议案。但是帕尔默联合党强烈反对阿博特进一步废除工党出台的包括可再生能源目标(RET)等其他气候治理措施,因此,工党除了碳定价政策以外的气候变化治理措施得以保留下来。这些保留下来的政策都是政府投资技术创新和新能源的开发和推广以促进减排,如果要依托这类措施实现大规模的减排,则需要实现全领域的技术开发和创新,有赖于政府更加长期的规划和投资。与这些政策相比,碳定价更多的是通过经济信号刺激碳排放主体改变消费和生产方式实现减排,具体减排方式由碳排放主体自主选择和应用,包括但不限于技术创新以及新能源的开发应用,是更加有效的减排方式。

阿博特提出了所谓的"直接行动计划"(Direct Action Plan)作为替代碳定价政策的减排方案,计划通过政府拨款设立减排基金(Emissions Reduction Fund),为植树造林、提高能源效率等减排项目提供资金,但是此项措施没有提出明确的排放上限和减排工具,完全遵循自愿减排的原则,本质上是政府出资对污染者进行补贴,以促进其采取减排行动。该方案由于规模过大、成本过高、缺乏减排路径的引导,难以实现政府承诺的减排目标。2015年特恩布尔取代阿博特成为澳大利亚总理,提出了《国家能源保障计划》(National Energy Guarantee)以促进澳大利亚能源产业的低碳化。此举遭到联盟党内部的反对,特恩布尔很快被迫下台,该计划成为了历史。2018年8月莫里森成为澳大利亚新一任总理后,重启阿博特时期的减排基金项目,将其变更为气候解决方案基金(Climate Solutions Fund),计划在

---

① 当时新任工党领袖肖顿是碳定价政策的坚定维护者。

未来十年花费20亿澳元资助农民、地方政府和企业的减排合作项目,但实质依然是利用财政补贴引导污染者减少排放。2022年6月,工党领袖安东尼·阿尔巴尼斯成为新一届的澳大利亚总理,在2022年9月提出《2022年气候变化法案》,确立了澳大利亚在2050年实现温室气体净零排放的目标,并计划扩大可再生能源的使用。

尽管气候变化议题逐渐中心化,成为影响澳大利亚大选的重要议题,但是澳大利亚政坛始终没有凝聚起建立碳定价体系的共识,碳定价政策沦为两党博弈的工具,并最终被废除。而能够保留下来的气候变化治理政策大多是政府财政补贴排放者,鼓励其减排的政策,再辅之以对气候科学研究、可再生能源开发和能源提效技术等方面的投资。[1] 对污染者进行补贴的政策是基于"谁保护,谁受益"原则(Provider Gets Principle,PGP),依靠污染者自愿参与[2],虽然暂时回避了经济发展和遏制温室气体排放之间的矛盾,但是难以调动重污染企业的减排动力,减排结果存在相当大的不确定性,最终的结果是消耗了澳大利亚财政资金却难以达到明显的减排效果。

三、澳大利亚碳定价政策执行过程中的问题

新西兰维多利亚大学史密斯教授将政策环境、政策主体、政策对象和政策设计作为政策执行过程中的重要组成部分。[3] 为了系统分析澳大利亚碳定价政策执行过程中的问题,本文将从上述几个方面入手进行分析。

(一)政策环境:国际社会对国家减排行为约束的缺位

政策执行过程中的环境因素被认为是能够影响或受政策执行影响的综合因素。因为碳定价政策不仅是澳大利亚国内的应对气候变化的政策,而且也是澳大利亚参与国际减排合作的一种方式,所以本部分将重点分析国际环境因素对澳大利亚碳定价政策的影响。

国际环境对国家的气候变化政策及其实践具有两个方面的影响:一方

---

[1] 慎先进,王海琴:《澳大利亚能源政策演变趋势之探究》,《湖北经济学院学报》2013年12月第12期。

[2] Harry Clarke, Iain Fraser, Robert George Waschik. "How Much Abatement Will Australia's Emissions Reduction Fund Buy?" *Economic Papers*, Vol.33, No.4(2014), pp.315-326.

[3] Thomas B. Smith. "The Policy Implementation Process", *Policy Science*, 4(1973), pp.202-205.

面,全球气候协议和减排承诺能够激励很多国家制定有效的气候变化政策来推动减排;但另一方面,国际社会缺乏对排放大国减排行为的强有力约束,一个国家在气候变化治理上的不作为,并不会受到来自国际社会的惩罚。因此,许多发达国家并没有在全球减排进程中发挥应有的作用,包括美国、澳大利亚、日本和加拿大等在内的发达国家都曾经背弃过自己的减排承诺,而放弃履行减排承诺和废除减排政策也不会遭到任何惩罚。

澳大利亚在推动国际社会的环境保护事业方面是有壮志雄心的,这表现在气候变化议题尚未成为国际环境问题的重点议题之前,澳大利亚凭借本国以往在环境保护方面所取得的成就,成为了国际环境治理的参与者和倡导者。但是当气候变化成为国际环境保护问题的核心议题时,澳大利亚却在气候变化治理问题上变得摇摆不定。在国际上,澳大利亚长期游离在国际气候政治进程之外,如京都会议上对减排义务的回避,哥本哈根会议上提出保守的减排承诺,多哈会议拒绝对发展中国家作出新的出资承诺等,澳大利亚整体表现得较为消极回避,有时甚至阻碍全球气候谈判进程的推进。在国内政策方面,澳大利亚历届政府均显示出强化国家经济发展的利益、将减排责任置于次要地位的倾向。

国际社会对国家减排责任约束的缺乏不仅使得澳大利亚在国际减排合作和国内气候变化政策上无所作为,而且也会因为其他国家同样有对减排责任的回避倾向,而影响澳大利亚国内气候变化政策的推进。比如,陆克文政府本寄希望于哥本哈根气候大会能够就后京都时代的减排安排达成协议,这样有建设性的国际协议可以成为陆克文再次尝试推动 CPRS 法案立法的强有力的理由,但是因为主要排放大国对减排责任的回避,哥本哈根气候大会并没有取得建设性的会议成果,陆克文没有获得足够的国际支持,联盟党更有理由认为澳大利亚没有必要在大多数国家没有采取行动的情况下率先推行碳定价,更加坚决反对陆克文的 CPRS 法案,成为陆克文不得不搁置 CPRS 法案的重要原因。

在缺乏强有力的国际机制的约束下,促使国家通过建立碳定价机制,主动承当减排责任是十分困难的。由于国际社会对国家减排责任的非强制性约束,对于有消极应对气候变化传统的澳大利亚而言,碳定价政策如同澳大利亚在国际气候会议上作出的减排承诺一样,随时可以被推翻,面临着很大的不确定性。

(二) 执行主体:工党无法在碳定价政策上凝聚共识

在澳大利亚碳定价政策情境中,工党既是碳定价政策的制定者,也是碳定价政策的执行主体。① 安东尼·吉登斯在其著作《气候变化的政治》中指出,气候变化政策既要能够处于政治议程的核心地位,又必须要独立于党派冲突之外,保证其政治议程中心地位不受干扰,持续性地发挥作用。② 但是在澳大利亚,工党作为碳定价政策的制定者,未能成功地在澳大利亚政坛上凝聚起关于碳定价政策的共识,不但无法让碳定价政策免于受政党冲突的影响,而且让碳定价政策直接成为党派政治之争的重要内容。

联盟党和工党就如何应对气候变化问题的看法存在着巨大的差异,导致澳大利亚的碳排放政策与执政党的气候变化立场紧密相关。20世纪80年代末,工党霍克政府开始对气候变化及其影响有所重视。为应对人均二氧化碳排放不断增加的趋势,霍克政府在1990年10月开始制定《国家温室效应反应战略》,并且得以延续到1992年12月基廷政府正式批准此项战略。③ 而在联盟党政府霍华德执政时期,虽然寻求重塑澳大利亚在国际气候变化事务领头羊的角色,在国内实施了各项气候变化治理措施,形成了气候变化政策框架体系④,但是退出《京都议定书》和有限的减排政策还是使得霍华德政府在减排问题上饱受诟病。当陆克文政府推出CPRS法案时,联盟党表示出强烈反对,两度在参议院推动否决陆克文政府的提案,导致陆克文最后不得不搁置该政策。吉拉德政府虽然因与绿党合作成功推动了碳定价立法,但是联盟党不仅拒绝参加多党派气候变化委员会关于碳定价问题的探讨,而且对最终出台的碳定价政策进行大肆抨击。工党和联盟党在气候变化及其应对措施上也存在着巨大的分歧,联盟党执政时期整体上对气候变化问题立场消极,只采取有限的国内措施和象征性的国际行动来应对气候变化,所提出的减排政策也局限于传统的政策框架内,澳大利亚的减

---

① 工党虽然成立了与碳定价政策执行相关的机构,但是这些机构属于补充监管机构,而政策执行者和制定者有时候是等同的。工党作为碳定价政策的制定者,同时也统筹着碳定价政策的实施,所以本文将工党作为碳定价政策的执行主体。
② 郭忠华:《求解"吉登斯悖论":评〈气候变化的政治〉》,《公共行政评论》,2010年第1期。
③ 苏浩开:《澳大利亚履行联合国气候变化框架公约情况综述》,《全球科技经济瞭望》,1996年第2期。
④ 李伟,何建坤:《澳大利亚气候变化政策的解读与评价》,《当代亚太》,2008年第1期,第109—110页。

排进程难以实现重大突破;而工党霍克政府在气候变化问题凸显的早期便采取积极主动的措施应对气候变化,这就为工党将气候变化问题作为自己关键政策的一部分定下了政策基调,对比而言,突破性的减排政策更有可能在工党政府的领导下出现。吉拉德政府的碳定价政策从酝酿到实施,联盟党反对的声音一直存在,自由党领袖阿博特多次扬言只要自己上台,便会废除碳定价政策。工党和联盟党在气候变化问题上的分歧之大,已经决定了澳大利亚碳定价政策的政策生命能否延续直接与工党能否持续执政相关联,碳定价政策的存续需要工党的政治庇护。

  虽然工党和绿党都在努力推动碳定价政策在澳大利亚的制定和实施,但是两个政党在减排政策的具体内容上也存在着明显分歧。在陆克文努力推动 CPRS 法案在议会通过的时候,绿党因法案中有对行业的补贴和豁免而两次投下了反对票。在两次遭到否决后,工党就选择搁置提案,也没有进一步尝试通过修改提案以获得绿党的支持。虽然在 2010 年澳大利亚联邦大选中,吉拉德为了获得组阁权,与绿党结盟,并且在上任之后迎合绿党的环境诉求,推出了碳定价政策,但是引入碳定价机制并不是吉拉德的初衷,陆克文的前车之鉴历历在目,加上为了缓解联盟党对工党政策的攻击,吉拉德在竞选时明确表示执政之后将永不引入碳税。碳定价政策正式实施不到两个月,就遭到了澳大利亚民众的强烈反对。政策成功实施的关键因素是政策制定者需要针对政策的评价和反馈对政策作出灵活有效的调整,但是当吉拉德政府想要通过政策调整降低碳定价对澳大利亚经济的压力时,却不得不与绿党进行协商妥协,只能进行有限的政策调整:取消了原计划 2015 年 7 月后每吨二氧化碳排放量 15 澳元的价格下限,计划在 2015 年 7 月后提前启动澳大利亚碳排放定价体系与欧盟的碳排放交易体系的对接。[①] 推动澳大利亚碳排放交易体系与国际体系的接轨可以大大减轻澳大利亚企业的压力,因为当时欧盟的碳价格水平比澳大利亚预期形成的碳价格水平低,两个市场的接轨将会使澳大利亚企业的减排成本降低。工党虽然想利用预期的低水平的碳价格信号来缓解工党政府所面临的压力,但是这两项政策调整并不是对当前碳定价政策反馈的即时调整,无法解决当下推行碳定价政策所产生的问题,也难以消除民众对碳定价政策的质疑。

---

① 碳排放交易网:《澳大利亚碳排放税推出仅月余后进行措施调整》,2012 年 8 月 30 日。http://www.tanpaifang.com/tanshui/2012/0830/5965.html。

(三)执行对象:相关利益集团的反碳定价政策游说活动

澳大利亚碳定价政策的执行对象主要是澳大利亚的能源、矿业等高排放企业,对这些企业的碳排放进行定价,这会增加这些企业的生产成本,压缩企业的利润空间,势必遭到这些企业的反对。因此,能源和矿业利益集团[①]积极通过开展舆论攻击和政治捐款等游说活动来反对碳定价政策的推进。

澳大利亚碳定价法案的执行对象是全国约 500 家高排放企业,约有 60 家企业是电力公司,约 100 家企业是采矿公司[②],还包括钢铁、交通和工业生产等其他行业公司。这些行业及公司在澳大利亚的经济中有着举足轻重的地位。他们通过各种途径进行游说工作,借以影响碳定价政策的制定和实施过程,阻碍碳定价政策的推行。陆克文政府的 CPRS 法案两次被参议院否决的教训在前,吉拉德政府通过多党派气候变化委员会制定碳定价政策的方式,有效克服了行业压力,最终顺利制定碳定价政策。而碳定价政策能进一步在议会通过,除了多党派气候变化委员会的作用外,还因为在能源和矿业利益集团密集的游说工作之后,工党政府在碳定价计划中增加了对排放密集型行业的慷慨补贴。

但是,即便政府已经做出了如此大的妥协和让步,能源和矿业利益集团依然认为碳税将会给他们带来巨大的损失,而补贴并不能够完全弥补这些损失,因此对碳定价政策的舆论抵制行动也从未停止。在澳大利亚开始进入碳税定价阶段后不久,澳大利亚工商会、煤炭协会、矿产委员会和住房工业协会共同组成了澳大利亚贸易和工业联盟(Australian Trade and Industry Alliance),开辟一条反对工党政府碳定价政策的阵线。为了利用媒体舆论来为碳定价政策造势,吉拉德政府一开始就着手投入 1200 万澳元在全澳投放电视广告,积极向公众披露关于碳定价政策的细节信息,以此对抗反对党为了引发民众对碳定价的恐惧而营造的"反碳定价"舆论氛围。然而,澳大利亚贸易和工业联盟也斥资 1000 万澳元发动反对碳定价政策的舆论攻势,新闻集团旗下的《澳大利亚人报》、费尔法克斯公司旗下的《悉尼先

---

① 本文所说的利益集团,指那些具有某种目的试图影响政府决策的一类组织。参阅:杰弗里·贝瑞、克莱德·威尔科克斯著:《利益集团社会》第 5 版,王明进译,北京:中国人民大学出版社,2012 年,第 6 页。

② 陈晖:《澳大利亚碳税立法及其影响》,《电力与能源》,2012 年 2 月第 1 期。

驱晨报》等主流媒体纷纷对碳定价法案进行抨击,渲染碳定价政策对澳大利亚经济和社会的伤害。碳定价政策反对者坚持将碳定价法案称为"碳税"(Carbon Tax),相比于"碳定价"(Carbon Pricing),"税"这样的字眼更容易触动澳大利亚民众敏感的神经,加剧民众对碳定价政策的疑虑①,提高了反对党抨击碳定价政策言论的可信度。

除了利用广告渠道发动舆论战之外,能源和矿业利益集团积极向反对党进行政治捐款,增加对"反碳定价政策"的政治力量的支持。在2006年至2007年期间,能源行业对澳大利亚工党、自由党和国家党的政治捐款并没有明显差别,但从2008年开始,能源行业对自由党的捐款数额开始超过其他政党,并且在2010年大幅度增加。据统计,在2006年至2016年这十年中,能源行业有71%的捐款流向自由党,自由党-国家党联盟接收到的总捐款占据能源行业捐款总数的81%。② 在陆克文政府推动CPRS法案在参议院通过,吉拉德政府执行碳定价政策时,能源行业增加了对反对党的资金支持,具体捐款数额变化的时间也与相关政策和政治事件的时间相符合。

能源和矿业企业是澳大利亚碳排放的主要企业,也是碳定价政策的主要实施对象,碳定价政策要求这些企业承担自身碳排放产生的成本,对企业而言这无疑是沉重的负担。因此,能源和矿业集团积极通过媒体舆论、政治捐款等游说方式,宣传对碳定价政策的不利信息,增加对反碳定价政治力量的支持,以此来阻碍工党政府对碳定价政策的进一步推进。

(四)政策设计:碳定价政策设计引发的质疑

政策能否取得成功,关键在于政策设计既要符合国情又要满足实现目标的需求。但是,澳大利亚碳定价政策却引发了人们对碳价格水平、碳价格目标群体范围设置的质疑,碳定价政策带来的经济影响和减排效果上的不确定性,使得关于碳定价政策的争议一直存在,严重影响人们对碳定价政策的评价。

从碳价格水平来说,在澳大利亚碳定价机制的固定价格阶段,澳大利亚

---

① 在官方文件中只有碳定价(Carbon Pricing)的说法;吉拉德曾经表明没有反对用"碳税"来定义当时的碳价格政策确实影响了民众对该政策的理解,也影响了她的政治生涯。

② Aulby H. "The Tip of the Iceberg: Political Donations from the Mining Industry." *The Australia Institute*, September 2017. https://australiainstitute.org.au/wp-content/uploads/2020/12/P339-Tip-of-the-iceberg.pdf, 20 August 2021.

政府规定 2012 年 7 月 1 日的起始碳定价为 23 澳元/吨（约 24 美元），此后每年在前一年的基础上增加 2.5%，直到 2015 年 7 月进入浮动碳价格阶段。对比同时期欧盟国家 8.7—12.6 美元/吨的碳价格，澳大利亚固定阶段的碳定价被认为是当时世界上类似政策的最高法定价格。[①] 过高的碳价格也遭到反对党的强烈抵制，反对党领袖阿博特在 2013 年竞选时明确表示："今天要消失的不是减少排放的政策，而是世界上最大的碳税。"[②] 有企业表示这一碳价格水平只会增加企业的生产成本，却不足以真正地推动企业转变生产方式。而从固定价格阶段过渡到限额与交易阶段后，澳大利亚碳交易市场将会与欧盟碳交易市场挂钩，澳大利亚会取消 15 澳元/吨的价格底线，这就意味着澳大利亚的碳价格可能会跌到更低的水平。欧盟碳交易市场曾因为排放配额供过于求而使得碳价格长期在低位徘徊，澳大利亚碳市场和欧盟碳市场的挂钩可能会加剧澳大利亚碳市场价格的跌落趋势。这使得环保人士不得不担忧过低的碳价格难以引导有效的减排行为和推进可再生能源的大规模开发和使用，碳定价对可再生能源开发的激励作用将会大打折扣，最终会影响到碳定价政策的整体减排效果。

从碳定价政策的实施对象来说，固定价格阶段的实施对象是澳大利亚年碳排放量超过 2.5 万吨的约 500 家企业，这些企业的碳排放量大约占据澳大利亚碳排放总量的 60%。相比陆克文 CPRS 方案覆盖澳大利亚 75% 的碳排放量，吉拉德碳定价政策的实施范围大幅度缩小。轻型车的尾气排放和农业部门的燃料排放都得到了政策豁免，但是农业部门的碳排放量占据澳大利亚碳排放总量的 15%。吉拉德政府的碳定价政策因为覆盖不全面而受到质疑，人们担心大幅度缩水的碳定价政策能否起到真正的减排效果。

从碳定价政策的经济影响来说，碳定价政策会增加企业的生产成本，进而会提高能源和矿产企业的产品价格。澳大利亚的能源产业是国家的支柱产业，能源产品是澳大利亚重要的出口贸易产品，碳定价也会间接影响到澳大利亚的产业结构和贸易状况。对澳大利亚民众来说，存在企业将成本转嫁给消费者的可能，且由于相关的基础性能源产品价格上涨，可能会引发整

[①] 国家能源局网站:《澳大利亚正式实施碳税法》，2012 年 7 月 2 日。http://www.nea.gov.cn/2012-07/02/c_131689432.htm，2021 年 5 月 24 日。

[②] *Financial Times*, "Australia Abolishes Tax on Carbon Emissions," 12 July 2014. https://www.ft.com/content/d852822a-0d67-11e4-bcb2-00144feabdc0, 22 June 2021.

体物价水平的提高,使得澳大利亚普通民众的生活成本增加。虽然澳大利亚财政部利用碳定价政策模拟模型得到了一个十分乐观的报告:碳定价政策的实施不仅不会给家庭和企业带来成本上升的负担,而且可以实现大规模减排,但是报告并没有考虑到民众在非电气、天然气和食品等方面的其他家庭支出,在行业分析中也没有充分考虑到作为能源和矿产产品在国际贸易和吸引外资方面可能遭受的影响。该报告未能缓解企业和民众的担忧。

在政策环境中,国际社会对国家减排行为约束的缺位,澳大利亚可以不用承担任何废除碳定价政策的成本;而工党作为政策执行主体,未能消除各政党在碳定价问题上的矛盾,反对党对碳定价政策的强烈抨击,绿党与工党在碳定价政策的制定和调整上的冲突,都严重影响了碳定价政策的执行。作为碳定价政策执行对象,能源和矿业等相关利益集团为了维护自身的经济利益,积极开展反碳定价游说工作;碳定价政策设计问题上,因为碳价格水平和目标范围设置的不合理,以及对经济影响的不确定性而招致争议和质疑等,都成为工党政府进一步推进碳定价政策的阻碍,也最终导致了碳定价政策被废除。

四、澳大利亚气候变化治理的前景展望

自从取消碳定价政策以来,暴雨和洪水、干旱和火灾等极端天气和灾害事件的频发给澳大利亚的生态、经济和社会带来严重的冲击。由于缺乏强有力的碳减排措施,澳大利亚可能将无法按时实现《巴黎协定》的减排承诺和"碳中和"目标,澳大利亚气候变化治理陷入了形势严峻、应对不足的困境。

澳大利亚在碳定价政策废除后很长一段时间都是联盟党执政,阿博特直接推动了碳定价政策的废除;特恩布尔在气候变化和能源问题上虽有抱负但却因此引发了自己的执政危机,匆匆下台;莫里森是煤炭工业的坚定支持者,气候变化的质疑者。这一阶段澳大利亚的气候变化政策主要包括"减排基金""排放强度计划""清洁能源目标"和"气候解决方案基金",政府乐此不疲地对大排污者进行补贴以敦促其自觉减排,或者规划对新能源和技术加大投资。在碳定价政策执行期间,对污染者进行补偿性补贴属于碳定价的辅助性政策,以帮助其进一步推进减排。这一类型的政策早在上个世纪就被提出和普及,碳定价政策执行期间被定位为辅助补充性的减排措施。

这一时期澳大利亚在气候变化治理方面出现了大倒退。①

现阶段澳大利亚国内外环境发生了一些有利于碳定价政策再次出台的变化。首先,新上任的工党总理阿尔巴尼斯重视气候变化,推动澳大利亚通过《2022年气候变化法案》,承诺到2030年碳排放将较2005年降低43%,把到2050年实现净零排放的目标写入法律,并在2023年3月30日通过了《保障机制条例(碳信用)修正草案》,澳大利亚政府层面有望再次推出强有力的减排政策。其次,澳大利亚人对碳定价政策的态度在过去几年间发生了巨大的转变,有60%的澳大利亚人认为气候变化是一个严峻而迫切的问题,55%的澳大利亚人认为政府应该把"减少温室气体排放"列为能源政策的主要优先事项,64%的澳大利亚人支持政府重新引入碳排放权交易或碳定价政策。再次,澳大利亚企业减排意愿不断增强,澳大利亚碳交易市场的不断发展和碳交易市场价格的不断上涨,表明企业也呼唤着长期性的、明确的和强有力的碳定价政策。② 最后,国内碳价格机制的缺乏正日益成为澳大利亚发展对外关系的阻碍因素,如缺乏碳定价政策阻碍澳欧自由贸易协定的签订,关于气候变化问题的探讨成为美日澳印四方会谈的重要内容,气候变化治理的不作为使得澳大利亚在南太平洋地区的地缘政治地位受到来自新西兰的挑战等。

低碳经济是未来社会发展的一大趋势,而碳价格作为低碳经济的基础,可以促进国家生产力的转型升级,为国家未来的发展抢占先机。澳大利亚政府在过去一段时期内,未能起到引导经济结构低碳化的作用,使得澳大利亚面临着不少来自国内外的压力。《2022年气候变化法案》的通过,使得澳大利亚政府法律形式确立了减排目标,表明了澳大利亚政府减排的决心,也让我们更加期待澳大利亚能够适时再次推出碳定价减排政策,抓住发展低碳经济的机遇期,履行自己的减排义务。

五、结语

气候变化是我们这个时代面临的最大的科学和环境挑战,如何通过遏制温室气体排放以缓解气候变化成为全人类共同面临的问题。碳定价政策

---

① 侯冠华:《澳大利亚气候政策的调整及其影响》,《区域与全球发展》,2020年第5期。
② John Mikler. "Climate Innovation: Australian Corporate Perspectives on the Role of Government," *Australian Journal of Politics and History*, Vol. 59, No.3(2013), pp.414-428.

通过对生产和消费的碳排放进行定价,使得碳排放造成的外部成本内部化,并释放价格信号,引导生产和消费的低碳化和脱碳化,是在经济领域进行的深层次变革,通常被认为是减少温室气体排放的最有效方式。

现如今,越来越多的国家和地区选择建立碳定价机制来实现碳达峰、碳中和的目标,气候变化治理合作的规范性不断提高,碳定价机制在全球不断被普及。低碳经济是未来社会发展的一大趋势,而碳价格作为低碳经济的基础,可以实现国家生产力的转型升级,增强国家的国际竞争力,为国家未来的发展抢占先机。尽管由于国家利益和全球责任的矛盾使得澳大利亚废除了2011年通过的碳定价政策,但是不论是从减排的环境效益角度,还是从国家经济长远发展的角度,采取有效措施控制碳排放对澳大利亚而言都是有利的。澳大利亚应该做的不是拒绝碳定价政策,而是跳出气候变化治理政策的舒适区,在总结2012—2014年碳定价实践的基础上,寻找减排和维护经济发展的平衡点,适时再次推出碳定价减排政策,抓住低碳经济发展的机遇期。这才是符合澳大利亚国家长期利益的正确选择。

Australia's Carbon Pricing Policy: Problems, Causes and Prospects

Abstract: In order to mitigate the risks of climate change, the Australian government implemented the carbon pricing policy in July 2012, with the aim of curbing greenhouse gas emissions. However, the policy was abolished only two years later. The carbon pricing policy is an effective measure to mitigate the risks associated with climate change. This article discusses the context in which the Australian government implemented the carbon pricing policy, analyzing its revocation from four dimensions: the policy environment, the executing entities, the target subjects, and the policy design itself. This article points out that after 2014, the Australian government, in an effort to avoid the political risks posed by the carbon pricing policy, opted to lead emission reduction initiatives through safer measures such as government subsidies, technical innovations, and energy development. However, these measures have proven inadequate in enabling the Australian government to meet the emission reduction goals pledged in the Paris Agreement. Australia's climate change governance confronts with severe challenges and insufficient responses; thus, the government needs to get rid of the bondage of traditional policy inertia, and capture lessons learned from the carbon pricing policy practiced between 2012 and 2014, to explore the possibility of reintroducing a carbon pricing policy.

Key Words：Australia Carbon Price；Climate Change Governance；Emission Reduction

作者简介

陈瑞琼 华东师范大学政治与国际关系学院硕士研究生。

中日政经关系对人文交流的影响：
基于语言测试的实证分析

郑 艳 方 芳

提要：近年来，中日两国的政经关系呈现紧张态势，双方的人文交流也随之受阻。本文基于布尔迪厄的场域理论，以2010年至2019年间的中日语言测试为切入口，通过相关性分析探索中日政经关系对人文交流的影响。研究发现，中日政治关系和中日经济关系分别对双方人文交流产生正相关性影响，即当两国间政经关系趋善时，中日人文交流也会随之向好；当政经关系紧张时，两国人文交流亦受阻。这为中日人文交流研究提供了新思路。中日双方可通过政治经济领域的务实合作进而推动两国间的人文交流。

关键词：中日关系；语言测试；人文交流；场域理论

2022年是中日邦交正常化50周年，2023年又逢《中日和平友好条约》缔结45周年，然而，近些年的中日政经关系却呈现紧张态势。日本政府在2022年通过了修改后的《国家安全保障战略》，背离"和平宪法"理念，其发布的2023年版《防卫白皮书》亦将中国视为"迄今最大战略挑战"。同时，日本修订了《外汇和外国贸易法》，将23个尖端半导体领域的品类追加为出口管制对象。新规对中国半导体行业的发展产生了不利影响。双边关系也因日本"排污入海"事件被推至低谷。

无独有偶，中日人文交流近些年亦进入低谷。2022年中国大陆赴日本留学生人数为 10.4 万余人,①较 2019 年下降了约 16％；同年日本语能力测试在中国大陆的实考人数为 6.48 万人,较 2019 年下降了近 75％。2022 年全国旅行社接待日本游客的人数较 2019 年同期减少约 99.86％。② 然而,人文交流对中日两国关系的发展具有不可或缺性。人文交流推动各国相互理解、相互尊重、相互信任。它是维护国与国之间政治互信、经贸往来与民心相通的重要保障。2022 年 11 月,中日两国元首在曼谷会晤时特别强调了通过扩大人文交流的方式增进双方政治互信。本文旨在对中日两国政经关系对人文交流的影响展开实证研究,以期推进近年发展受阻的中日人文交流。

一、中日人文交流与政经关系：场域的视角

自中华人民共和国成立以来,中日之间的人文交流对推动双边关系发展发挥了重要作用。中日人文交流大致可分为三个阶段：发展期（1972—1992 年）、稳定期（1992—2012 年）和波动期（2012 年至今）。在中日邦交正常化之前,中日两国由于特殊的历史原因,没有官方的正式接触,但两国民间却保持着人员往来。中日民间往来始于贸易需求,逐渐扩展至其他人文领域,并最终成为两国邦交正常化的重要推手。

1971 年 2 月 1 日,中华人民共和国体育协会、中国人民对外友好协会与日本乒乓球协会、日本中国文化交流协会签订了《中日乒乓球交流协议》。这一"乒乓外交"为之后中日两国邦交正常化起到了一定的促进作用。1972 年 9 月,日本首相田中角荣访华,促成《中日联合声明》,标志着中日邦交正常化。随着改革开放政策的实行,中日双边贸易迅速发展并取得了良好态势。

1992 年,江泽民主席和日本明仁天皇实现互访,加之 20 世纪 90 年代至 21 世纪初期中日经贸关系的不断加强,中日两国在青少年交流、社会科学交流、留学交流等多个领域取得了新的进展。2010 年 9 月,中日海域撞船事件以及野田佳彦政府单方面宣布钓鱼岛"国有化",使得两国关系陷入

---

① 独立行政法人日本学生支援机构（JASSO）：《2022（令和 4）年度外国人留学生在籍状况调查结果》。https://www.studyinjapan.go.jp/ja/statistics/zaiseki/data/2022.html.
② 中华人民共和国文化和旅游部：《2022 年度全国旅行社外联接待入境旅游情况表》。https://view.officeapps.live.com/op/view.aspx? src = https％3A％2F％2Fzwgk.mct.gov.cn％2Fzfxxgkml％2Ftjxx％2F202304％2FP020230428580953213783.docx&wdOrigin=BROWSELINK.

低谷,对双边人文交流造成一定的负面影响。

2012年,中日两国关系因钓鱼岛"国有化"事件陷入僵局,这导致中日两国在2013年间往来甚少。2014年11月,亚太经济合作组织(Asia-Pacific Economic Cooperation,简称APEC)首脑会谈间中日首脑进行了短暂会谈,这使得处于冰冻状态的两国关系展现缓和趋势,同时中日间的贸易也由平稳转向良好。政经关系的好转也促进了两国间人文交流领域的发展。在高等教育领域,2017年中日人文交流大学联盟正式成立;在留学领域,以2019年为例,在日本的中国留学生数量达到12.4万余人,占日本全部外国留学生总人数的39.9%;①在旅游领域,2019年中国赴日游客数量达到959.4万人次。由此可见,中日两国人文交流受政治、经济环境变化的影响较为明显。

(一) 中日人文交流研究回顾

学界关于中日人文交流的研究,主要从以下三个方面展开。第一,通过回顾中日人文交流的历史,结合中日人文交流现状,指出中日人文交流的趋势或特征。尹允镇等研究者指出,中日人文交流的行为主体逐渐多元化,多元性、专业性与可持续性更加突出,经贸交往自始至终贯穿两国人文交流,中日两国内外政治环境变化对人文交流的影响明显。② 菅原志乃指出,中日人文交流从经贸入手,两国人文交流的发展与政府间的态度和立场不可分割,两国相互间国民情感具有独立发展特征。③ 第二,立足当下,强调中日人文交流的重要性,并针对现状为如何提升两国人文关系提供对策。张薇薇等研究者提出,当前中日人文交流面临着新的国情民情及舆论环境,需要中国方面拿出更多资源和精力推动两国人文交流的深化,改善外宣方式,加大力度吸引日本人来华旅游、学习。④ 张艳霞指出,中日两国对待历史问题的差异、两国间文化差异以及网络时代的大背景都为中日人文交流带来

---

① 独立行政法人日本学生支援机构(JASSO):《2019(令和元)年度外国人留学生在籍状況調査结果》。https://www.studyinjapan.go.jp/ja/_mt/2020/08/date2019z.pdf.
② 尹允镇,李文娇:《试论中日人文交流的演变、特征及发展趋势》,《东北亚论坛》,2020年第3期,第97页。
③ 菅原志乃:《中日人文交流演变、现状与前景》,吉林大学博士论文,2020年。
④ 张薇薇,项昊宇,荣鹰:《新时代中日人文交流的使命》,《东北亚学刊》,2019年第2期,第18页。

挑战,因此需要促进中日双方民间交流,加强民意基础,同时稳定中日经济关系良好态势,夯实人文交流经济基础。① 第三,通过具体领域的实例分析为中日两国人文交流提供新思路。例如,徐以骅等提出可通过中日共同存在的妈祖信仰,增进两国民间互动,从而推动中日人文交流。② 既有文献为本文提供了一定的研究基础,但稍有不足。首先,关于如何提升双边人文交流的思路或途径仅针对特定领域,缺乏普遍规律性;其次,既有文献提到两国国内政治环境的变化对人文交流的影响,但未深入分析前者如何影响后者;再次,既有研究多运用历史和经验研究法,较少从具体的领域入手,通过实证分析来找出中日人文交流的影响因素。本文将借用布尔迪厄场域理论,以中日语言测试为切入口,通过相关性分析考察政治场域、经济场域如何分别影响文化场域。

(二) 场域视角下中日政经关系与人文交流

场域理论常被学界用于实证分析,它是由法国著名的社会学家皮埃尔·布尔迪厄所提出的社会学理论。场域、惯习和资本是其场域理论中三个重要的概念。他在《区隔》一书中提出了实践分析模式的简要公式:[(惯习)(资本)]+场域=实践。③ 布尔迪厄的完整的实践模式把行为理论化为惯习、资本以及场域之间关系的结果。在研究当代社会的过程中,他始终非常重视现实社会中的实际结构及其运作逻辑,他认为当代社会是以文化实践及其不断再生产作为整个社会的基本运作动力,同时他还关注各种因素对于文化实践的影响。④ 因此,布尔迪厄所提出的场域理论,有利于结合社会现实进行实证分析研究。

场域理论认为,社会可以区分出不同场域,不同场域的运作实际上就像物理学意义上的"力场"一样,是由内部和外部的各种力的作用构成的。因此,某一场域会受到来自其他场域的影响,不存在完全自主的场域。对于不

---

① 张艳霞:《新时代中国对日本人文外交:机遇、挑战与对策》,《中共济南市委党校学报》,2020年第1期,第71—73页。
② 徐以骅,盖含悦:《妈祖信仰的海外传播与中日人文交流考论》,《福州大学学报》(哲学社会科学版),2022年第2期,第21页。
③ 戴维·斯沃茨:《文化与权力:布尔迪厄的社会学》,陶东风译,上海:上海世纪出版社,2012年,第161页。
④ 高宣扬:《布尔迪厄的社会理论》,上海:同济大学出版社,2004年,第17页。

同场域间的关联性,布尔迪厄认为对于每一种具体的历史情况,我们都要分别进行历史考察。[①] 因此,想要探讨不同场域之间的关系,就必须将其置于特定的时空环境下,也就是说,必须针对特定的场域进行分析,而不是只针对概念泛泛而谈。中日政治关系、中日经济关系和中日人文交流分别为三个不同的场域。以2019年为例,中日两国首脑因二十国集团领导人峰会及中日韩领导人会议两次举行会谈,中日经济、外交等领域高级官员频繁互访、往来密切,从而推动了中日人文交流领域的蓬勃发展。中日高级别人文交流磋商机制首次会议于2019年11月召开,同时2019年也成为中日青少年交流促进年,中日双方开展了大规模的民间文化交流活动。由此可见,政治场域与经济场域共同作用于文化场域。

由前文提及的布尔迪厄的实践分析模式的简要公式可见,实践是惯习、资本和场域相互作用的产物。惯习为实践提供规则,场域为实践提供场所,资本则作为场域内斗争的武器。惯习和资本相互作用与场域一起为实践提供了可能(见图1)。因此,关于政治场域和经济场域如何具体影响文化场域的分析,本文拟从惯习和资本这两个重要概念入手,具体分析政治场域和经济场域分别对文化场域产生的影响。

图1　政治场域、经济场域对文化场域的影响及作用机制

二、研究设计

人文交流是中国外交的独创性概念,主要指的是文艺、哲学、政治、经济、教育、新闻及体育等领域的沟通和互动行为,而语言测试,正属于人文交流的范畴。现如今,各国的语言测试,不再仅仅局限于测试的层面,还被不

[①] 皮埃尔·布迪厄,华康德:《实践与反思:反思社会学导引》,李猛、李康译,北京:中央编译出版社,2004年,第150页。

少国家视作文化推广的手段,因为语言测试是语言传播的重要手段,通过语言传播,可实现文化交流,助力本民族发展,取得共赢。因此,本文将选取具有代表性的中日语言测试作为研究中日人文交流的代理变量。

本文将中日政治关系和中日经济关系分别视为自变量,将中日人文交流视为因变量,运用相关性分析研究两国政经关系对人文交流的影响;采用定量与定性相结合的方法对人文交流与两国政经关系进行实证性检验分析;选取具体年份及代表性事件,结合场域理论进行定性分析。

(一)变量选择

1. 研究时间段

本文选择 2010 年至 2019 年中日两国在政治、经济和人文领域的双边交流为研究对象。2010 年,中国的国内生产总值(Gross Domestic Product,简称 GDP)首次超过日本,位居世界第二。2019 年是中华人民共和国成立 70 周年,日本也进入了令和新时代,同时也是中日青少年交流促进年。在这短短十年间,中日间发生了围绕钓鱼岛展开的争议、日本首相安倍晋三参拜靖国神社、"习安会"、时任中国国务院总理李克强正式访问日本等重大事件。国家间的关系是由国家间的事件表现出来的。因此,笔者选定 2010 至 2019 这十年间的中日代表性事件为研究对象。

2. 中日政治关系和中日经济关系的数据量化

本文基于清华大学国际关系研究院《双边关系赋值表》[①]对中日政治关系和中日经济关系分别进行数据量化。根据日本外务省的外交蓝皮书,以及中国国务院及其各部委的官网信息,本文收集并罗列出 2010 年至 2019 年间中日交往的代表性事件,并根据《双边关系赋值表》对这些事件赋值。

3. 中日人文交流的切入点:中日语言测试

语言测试所涵盖的内容不只局限于语言,还涉及对象国相关文化的内容,而且众多报考者参与语言测试的目的多以留学为主,由此可见语言测试有助于人文交流。《关于加强和改进中外人文交流工作的若干意见》指出,要构建语言互通工作机制,推动我国与世界各国语言互通,开辟多种层次语

---

① 《双边关系赋值表》通过确定双边关系分值标准设立事件影响力转换公式,衡量由事件引起的既有双边关系分值的变化等环节,克服了从事件数据分值过渡到双边关系分值中存在的理论和技术困难。

言文化交流渠道,在扩大中外人文交流的过程中,语言互通领域大有可为。因此,本文选取中日语言测试作为中日人文交流的切入点。

在汉语语言测试中,汉语水平考试(Hànyǔ Shuǐpíng Kǎoshì,下文简称HSK)最具权威性且受众最广。其主办方之一为国家汉语水平考试委员会,隶属中华人民共和国教育部,而且参照了《欧洲语言共同参考框架》(*The Common European Framework of Reference for Languages*,简称CEFR)制定各级标准。在全世界作为外语测试的汉语语言测试中,HSK的报考者最多,而且在全球约有875个考点,报考者遍布全球118个国家及地区。

在日语语言测试中,日本语能力测试(the Japanese-Language Proficiency Test,下文简称JLPT)最具权威性,受众最广且历史最为悠久。JLPT始于1984年,主办方是日本国际交流基金会和日本国际教育支援协会。其中,日本国际交流基金会致力于在全世界开展综合性国际文化交流项目,主要涉及文化与艺术交流、海外日语教育和日本研究与知识交流。就受众来看,2021年,JLPT的全球报名人数达到了80万人次,为世界最大规模的日语考试。

笔者从JLPT官网及HSK在日官网上收集了这两场考试在2010年至2019年间分别于中国大陆[①]和日本的实考人数数据。

(二)研究方法

关于定量分析,本文提出了中日政治关系和中日经济关系会对中日语言测试产生影响这一假设,将数据采用Excel 2016进行初步整理、计算并绘制表格,采用SPSSPRO统计软件运用皮尔逊相关系数进行相关性分析,其中,计算皮尔逊相关系数的公式如下(r为皮尔逊相关系数):

$$r = \frac{\sum_{i=1}^{n}(X_i - \overline{X})(Y_i - \overline{Y})}{\sqrt{\sum_{i=1}^{n}(X_i - \overline{X})^2} \sqrt{\sum_{i=1}^{n}(Y_i - \overline{Y})^2}}$$

式中:r为皮尔逊相关系数;

x和y分别代表自变量和因变量;

---

① 由于JLPT官网的统计原因,笔者只选用中国大陆的数据。

i 为计算协方差和方差；

n 为自变量和因变量的总数。

数据代入后的计算结果以含皮尔逊相关系数和 p 值[①]的表格形式表示。

三、研究结果

根据此前收集的数据,此处将通过相关性分析对中日政经济关系会对中日语言测试产生影响这一假设进行证明。

（一）数据整理

如表1所示,根据场域理论,笔者将2010年至2019年间中日间往来事件中选取出政治事件和经济事件,并根据清华大学国际关系研究院《双边关系赋值表》分别对2010年至2019年间每年的政治事件和经济事件进行赋值。

表1 2010年至2019年间中日间往来事件赋值表

年份	事件类型	
	政治	经济
2010年	10.6	3.4
2011年	10.5	2.3
2012年	4.3	2.6
2013年	-3.6	0.1
2014年	0.1	1.6
2015年	3	2.2
2016年	3.6	2.2
2017年	4.8	2.2
2018年	11.8	4.1
2019年	15	4.6

---

① 正态性检验中的 p 值是检验数据是否呈显著性的标准,如 p 值大于0.05,那么数据便呈现显著性,反之亦然。而显著性是数据是否呈正态分布的体现,如果数据呈现显著性,那么它就具备正态分布特质,即呈正态分布。

2010—2019年中国大陆JLPT与日本HSK的实考人数见表2所列。

表2 2010年至2019年中国大陆JLPT与日本HSK的实考人数

年份	JLPT在中国大陆的实考人数	HSK在日本的实考人数
2010年	231 909	7 002
2011年	251 301	10 128
2012年	215 287	15 801
2013年	198 486	21 385
2014年	187 841	22 788
2015年	181 254	23 426
2016年	187 310	25 904
2017年	211 480	28 643
2018年	229 158	34 018
2019年	260 022	37 569

注:数据来源:JLPT官网、HSK在日官网。

(二)中日语言测试实考人数与政治赋值和经济赋值间的相关性

笔者运用2010年至2019年间相关中日语言测试的实考人数数据,结合表1中历年的政治赋值和经济赋值,运用SPSS软件进行相关性分析,此处选取皮尔逊相关系数法进行(见表3)。①

表3 2010年至2019年中国大陆JLPT与日本HSK的实考人数与政治赋值和经济赋值的皮尔逊相关系数检验

		JLPT在中国大陆的实考人数	HSK在日本的实考人数
政治赋值	相关系数	0.806**	0.530
	p值	0.005	0.115
经济赋值	相关系数	0.628	0.657*
	p值	0.052	0.039

* $p<0.05$,** $p<0.01$

① 由于数据呈正态分布是进行相关性检验的前提,因此数据需要先进行正态性检验,此处相关数据均已通过正态性检验,因此可进行下一步相关性分析。

由表 3 可见,政治赋值和 JLPT 在中国大陆的实考人数之间的相关系数值为 0.806,并且呈现出 0.01 水平的显著性,因而说明政治赋值和 JLPT 在中国大陆的实考人数之间有着显著的正相关关系。① 经济赋值和 HSK 在日本的实考人数之间的相关系数值为 0.657,并且呈现出 0.05 水平的显著性,因而说明经济赋值和 HSK 在日本的实考人数之间也有着显著的正相关关系。

简而言之,政治赋值与 JLPT 在中国大陆的实考人数之间有着显著的正相关关系,经济赋值与 HSK 在日本的实考人数之间也有着显著的正相关关系。

四、结果讨论

由上述的实证分析可见政治场域与经济场域分别对文化场域产生正相关性影响。下文选取 2013 年和 2018 年这两个具体年份,通过具体年份的中日两国的政经事件及两国参加相应语言测试的人数,结合场域理论中的资本和惯习这两个概念,具体分析政治场域及经济场域对文化场域的正相关影响。

(一) 政治场域对文化场域的影响

中日政治关系对人文交流的影响从 2013 年中日两国间的政治往来及人文交流可见一斑。由表 1 可见,2013 年的政治场域赋值为表中唯一一个负值。在这一年里,中日间发生了不少有碍两国和平友好的政治事件。例如,日本政府公开宣称"钓鱼岛国有化",对此中国政府在 2013 年间多次提出谴责抗议,以及 2013 年年末日本首相安倍晋三参拜靖国神社。由于 2013 年间中日政治关系呈紧张态势,因此,中日两国在文化方面的往来受政治的影响,也呈现"遇冷"态势。中日政治场域通过经济资本和惯习对文化场域产生影响。

1. 经济资本

谈及资本这一概念时,布尔迪厄将资本主要分为四种类型:经济资本(货币与财产)、文化资本(包括教育文凭在内的文化商品与服务)、社会资本

---

① 相关系数在 0.7 以上说明关系非常紧密,在 0.4~0.7 之间说明关系紧密,在 0.2~0.4 之间说明关系一般。

(熟人与关系网络)、符号资本(合法性)。① 此处中日政治场域主要通过经济资本对文化场域产生影响。2013 年中日紧张的政治关系影响两国间经济合作,导致日企在华岗位减少,使得就业市场中对于应聘日企的重要证书 JLPT 的需求也随之下降。中日双方高层在 2013 年间几乎无往来。该年日本对华投资金额为 71 亿美元,同比减少 4.3%。在这样的大环境下,日本企业对中国市场一改以往看好态势,中国首次在"看好的事业发展目标国家和地区"排行榜中丢失第一名的宝座。市场颓势必然导致日企在中国招聘数量的减少。作为应聘日企的语言门槛,JLPT 的需求锐减。该项考试的内容不仅涵盖日语语言能力,也包括一些与日企文化相关的内容。

2. 惯习

2013 年中日间紧张的政治关系也通过惯习影响个人观念,进而导致该年 JLPT 在中国大陆的实考者数量减少。惯习是历史的产物,是一个开放的性情倾向系统,不断地随经验而变,从而在这些经验的影响下不断地强化,或是调整自己的结构。② 由于 2013 年中日关系态势不佳,中国大陆的个人惯习受此影响,认为此时报考 JLPT 作用不大,或是缺乏应试的相应动机。另外,惯习是社会化了的主观性,是由"积淀"于个人身体内的一系列历史的关系所构成,这种因为政治因素而对应试产生的影响并非个例,而是当时社会趋势的体现。因此,惯习方面的因素导致当年 JLPT 在中国大陆的实考者数量减少。

(二) 经济场域对文化场域的影响

中日经济关系对人文交流的促进充分体现在 2018 年中日两国双边经济与人文交流往来之中。2018 年是《中日和平友好条约》缔结 40 周年,以此为契机,中日两国间开展了许多经济领域的交流。2018 年 4 月,中日经济高层对话时隔 8 年再次召开。8 月,日本副总理兼财务大臣的麻生太郎访问中国,并与中国财政部部长刘昆进行会谈,二人共同主持第 7 次中日财长对话。中日两国间密切的经济往来对两国文化领域的往来有着明显的推

---

① 戴维·斯沃茨:《文化与权力:布尔迪厄的社会学》,陶东风译,上海:上海世纪出版社,2012 年,第 87 页。
② 皮埃尔·布迪厄,华康德:《实践与反思:反思社会学导引》,李猛、李康译,北京:中央编译出版社,2004 年,第 178 页。

动作用。

1. 经济资本

中日两国密切的经济往来营造了良好的发展环境,为两国企业合作、相关就业岗位提供契机,进而带动了就业大军对语言能力证书的需求。2018年中日两国间在经济领域的密切往来从在日中国企业数量的增加亦可见一斑,这也相应带动了日本的就业,使得报考HSK的人数上升。2018年应是中国企业进军日本的"元年",许多中国企业在这一年里进军日本。例如,2018年5月23日,中国移动国际有限公司日本子公司在东京举行开幕仪式;2018年7月,中国的滴滴出行与日本的软银合作,将自秋季始在日本的主要城市提供出行服务。中国企业进军日本市场,在语言方面必然会对员工作出相应要求,其中,语言测试证书就是最为通用,也是最直观的对于员工语言能力的反映。因此,对于在日中国企业而言,HSK就成为了对于日本员工语言能力评判的最佳选择。

中国游客的强大购买力也推动了日本相关行业从业者报考HSK。2018年,中国赴日游客人数约占全球赴日游客人数的49.6%,较2017年增长约9%。同年中国赴日旅客的消费额约占全球赴日游客消费总额的54.6%。[①] 中国游客对于日本旅游业的重要性不言而喻。因此,吸引中国游客,提高中国游客在日本的旅游体验便成为了日本旅游业工作的重要一环。购物场所服务人员的接待对于中国游客的购物体验显得尤为重要。中国游客并非日语母语者,这就要求购物场所的服务人员掌握基本的汉语,才能和中国游客进行简单沟通。同时,由于购物这一行为的特殊性,顾客需要对商品的信息有更进一步的了解,这就要求购物场所的服务人员掌握更高的汉语能力,从而为中国游客提供更好的旅游购物体验。因此,通过报名HSK学习汉语,就成为他们提高汉语水平的重要方式。

2. 惯习

2018年中日两国间密切的经济往来通过惯习影响个人观念,从而导致中日两国参加相应语言测试的人数增加。2018年,在日实考HSK的人数比2017年增长18.77%,为2014年以来最高。由于2018年中日两国经济方面往来密切,中日两国在经济领域合作前景良好,个体的惯习受其影响,认为此时是报考HSK的有利时机。如前文所提及,这种个人惯习的改变

---

① https://www.mlit.go.jp/common/001294467.pdf.

并不仅仅是个例,实际上是当时社会趋势的反映。因此,惯习因素导致当年HSK在日实考人数大幅增加。

五、结语

本文从中日语言测试入手,运用相关性分析方法,通过实证分析找出中日人文交流的影响因素,以期为中日人文交流研究提供新思路。研究采用定量方法,选取2010年至2019年中日两国往来事件为研究对象,根据场域理论分类出政治事件和经济事件,并根据清华大学国际关系研究院《双边关系赋值表》将这些事件赋值。同时,选取中日两国具有代表性的语言测试——HSK与JLPT,运用SPSSPRO软件分别将其测试人数与政治赋值和经济赋值进行相关性分析,得出政治场域对JLPT在中国大陆的实考人数具有相关性影响、经济场域对HSK在日本的实考人数具有相关性影响的结论。之后再通过定性分析,分别以2013年和2018年两个具体年份的双边往来重大事件为切入点,结合场域理论,指出两国间政经关系通过经济资本和惯习对人文交流产生正相关影响。

语言测试属于人文交流的一部分,在推进人文交流的过程中,政治场域和经济场域这两个因素不容小觑,加强政经活动可以为人文交流助力。在当下中美战略博弈加剧的国际大变局中,日本是重要的第三方力量,同时又是与中国关系密切的近邻,日本在美日同盟关系中对美国表现出了较强的依附性。因此,进一步明确政经关系对人文交流的影响机制对增进中日全方位的双边关系具有现实意义。

The Impact of Sino-Japanese Political and Economic Relations on Cultural Communication: Based on the Empirical Analysis of Language Testing

Abstract: 2022 marked the 50th anniversary of the normalization of diplomatic relations between China and Japan, and 2023 was the 45th anniversary of the signing of the *China-Japan Treaty of Peace and Friendship*. Nowadays, at a critical point in the course of Sino-Japanese relations, political and economic relations between the two countries have faced challenges, and cultural communication between them has also been affected. Based on Bourdieu's field theory, an empirical analysis of Sino-Japanese language tests and Sino-Japanese political and economic relations from 2010 to 2019 was conducted to explore the relationship between Sino-Japanese political-economic relations and cultural communication. It was found that Sino-Japanese political and economic relations have a positive correlative effect on Sino-Japanese cultural communication. When political and economic relations between the two countries are good, the cultural communication between them will also be good. When political and economic relations are tense, cultural communication between China and Japan is also hindered. This provides new insights into Sino-Japanese cultural communication, which has developed slowly since 2022. China and Japan can promote cultural communication through pragmatic cooperation and common development in the political and economic fields.

Key Words: Sino-Japanese Relations; Language Testing; Cultural Communication; Field Theory

作者简介

郑 艳 华东政法大学外语学院硕士研究生。

方 芳 华东政法大学中国涉外法治话语研究中心教授、硕士生导师,研究方向:数字经济与地缘政治。